ヤバい生き霊

アラ…いるのね…

シークエンスはやとも

はじめに
霊とともに生きてきた僕の人生を紹介させてください

はじめまして。お笑い芸人のシークエンスはやともと申します。

ふだんは、所属している吉本興業の劇場を中心に、１人コントのネタをやっています。

実は、僕にはちょっと特殊な能力があるんです。

それは、霊が見えてしまうこと。

小学3年生のとき、たまたま殺人事件を目撃してしまったんですが、気付いたら、殺されたはずの人が僕の部屋の中にいて。そのとき初めて、自分に霊感があることを自覚しました。このときの話はまたのちほど、くわしく紹介しますね。

それ以来、周りの人にはなかなか共感してもらえない不思議な体験をたくさんしてきました。

幽霊に同棲を迫られたり、勝手に相乗りされたり、しょうもないイタズラをされたり……。家までつきまとわれたことや、屋上から突き落とされそうになったこともあります。

なんだか、悪いことばかり羅列してしまいましたね(笑)。でも、幽霊が見えてよかったこともたくさんありますよ。

亡くなった愛犬とまた一緒に暮らせたり、死んだばあちゃんが会いに来てくれたり。急に大切な存在を亡くしてしまっても、きちんとお別れができるのは、霊が見える特権かもしれませんね。


ちなみに幽霊だけじゃなく、生きている人の霊体や生き霊も見えます。

霊体は、その人自身の〝エネルギー〟みたいなもので、生き霊は、誰かに対する思いが強すぎると飛ばしてしまう〝念〟のようなものです。

霊体の中心には、僕が「プライベートゾーン」と呼んでいる〝魂〟のような部分があって、僕が霊視をするときは、そこを深く覗き込むことで、人の性格や本心を見極めています。

最近、ついている生き霊や霊体の様子を霊視する「生き霊チェック」が話題になって、少しずつテレビに出させてもらう機会が増えてきました。

なんで僕が、この「生き霊チェック」を始めたかというと、誰かの人生を少しでもよくするお手伝いをしたかったから。僕は、ただ〝見たまま〟をお話ししてるんですが、何か思い当たる節があったり、新しい発見があったりしたら、人生を見直すきっかけになると思うんです。

正直、人の本心がわかってしまうのって、そんなにいいことじゃありません。友達だと思っていた相手が、実は自分を嫌っていると知ってしまったり、信頼していた人から、裏切られていることに気付いてしまったり……。嫌な思いをしたこともたくさんあります。

落ちるところまで落ちたときなんて、「人間は、みんなクズでどうしようもない」って、極端な思想に陥ってたくらいです(笑)。でもそうしたら、いろんなことを割り切って考えられるようになったんですよね。

それに、せっかくお笑い芸人になったんだし、やっぱり1人でも多くの人を笑顔にしたいじゃないですか。見えちゃうものはしかたないんだから、この能力を少しでも誰かの役に立てようって思ったんです。

だから「はやともさんの〝心霊論〟を連載にしませんか」と持ちかけられたときには、即答で「お願いします！」と返事しました。まあ、売れないお笑い芸人なので、とにかく仕事がほしかったっていうのもありますけど（笑）。

この本はその連載を再編集してまとめたものです。最後まで読んでいただければ、僕の〝心霊人生〟について、ちょっとはわかってもらえるんじゃないかと思います。

たまに、怖い話や真面目な話もありますが、基本的には霊が見えるポップな日常を紹介しているので、とにかく楽しんでもらえたらうれしいです。

目次

PART 2 幽霊よりも、生き霊が怖い！

PART 3 たまにマジで怖いこともある!

PART1

霊が見えるって案外、楽しい！

霊が見えるきっかけは小3のときに見た殺人事件

僕が初めて霊の存在を認識したのは、小学3年生のときです。

いま思うと、それまでは霊が見えても、生きている人との区別がつかなかっただけかもしれないんですが、ある事件をきっかけに「自分は霊が見える」とはっきり自覚するようになりました。

当時住んでいたのは、東京郊外にあるアパートの3階。

ある日、ベランダに出て外を眺めていると、向かいのマンションから頭に刃物が突き刺さった、スキンヘッドのおじさんが出てきたんです。そして、僕がいるベランダの真下まできたとき、あおむけに倒れてしまいました。

すると、またマンションから別のおじさんが出てきて。倒れているおじさんに覆いかぶさったかと思うと、刃物で〝メッタ刺し〟にしたんです。

あまりのできごとに、ただ呆然(ぼうぜん)と見下ろしていると、刺されているおじさんとしっかり目が合ってしまいました。

あれはたぶん、亡くなる直前の最期の瞬間だったんだと思います。

そして翌朝、目が覚めてふと横を見ると、目の前に殺されたスキンヘッドのおじさんの顔がありました。さすがに「これは幽霊だ」と思うしかないですよね。

それから、おじさんは僕から離れることなく、ずっと肩のところにいて。どうすることもできないまま1週間ほどたったころ、親父がさらりと「自分でとれないのか」と聞いてきました。

それまで知らなかったのですが、親父にも霊感があって、そのおじさんが見えていたんです。

僕が「とれない」と答えると「とにかく寝なさい」と。

よく寝て起きたら、おじさんはいなくなっていました。僕が寝ている間に、親父が除霊してくれたみたいです。

幽霊に挨拶してしまって変なヤツに思われがち

目の前にいるのが、幽霊なのか生きている人なのか。

一瞬で判断するのは、けっこう難しいです。

幽霊って、ホラー映画みたいに血みどろだったり、異様に青白かったり、ちょっと透けてたりするわけじゃなくて。

見た目は、生きている人とぜんぜん変わらないので、区別がつかなくて苦労したこともありました。

まだ吉本に入りたてのころ。劇場ではとにかく、その場にいる人全員に挨拶をして回っていました。礼儀正しく振る舞っていたつもりなんですが、なぜだか挨拶を返してくれない人が多くて……。

そのうち、吉本の社員さんたちからも、距離を置かれるようになってしまいました。

思い切って理由を聞いてみると「誰もいないところに挨拶するヤバいやつ」だと思

われていたそう。

僕にはたしかに、そこに〝いる〟人が見えてたんですけどね（笑）。けっこうな割合で相手は死んでいる人だったみたいです。

事情を説明したら「じゃあもう、誰にも挨拶しなくていいよ……」と、ちょっと怖がらせてしまいました。

ただ、今は〝スイッチ〟を切り替えられるようになったので、ふだんは、霊を見えない状態にしています。

訓練するのは大変でしたが、日常生活を送るにはだいぶ楽になりましたよ。

そのラップ音、怖がらなくて大丈夫です

自分以外、誰もいないはずの部屋で突然、「ガタッ」「ピシッ」と原因不明の物音がする現象。

よく「ラップ音」って言いますよね。

もしかしたら「霊がいる！」と怖がっている方がいるかもしれません。でも、基本的には心配しなくて大丈夫です。

僕の経験上、ラップ音のほとんどは霊のしわざではありません。

普通に、建物がきしむ音だと思います。

もちろん、霊が原因のケースもゼロではないですが、霊にとっては物音を出すって、すごく大変なことなんですよ。

そもそも、霊は物には触れません。１本のペンを持ち上げるだけでも、「うおーッ」とめちゃくちゃ頑張って〝念〟みたいなものを送って、やっと何ミリか浮き上がるくらいのレベルです。

だから、壁や床を叩くとなると、相当なエネルギーを使うはず。

そんなに必死になって、ただ音を出したところで、一体彼らに何のメリットがあるのかなって……。


もちろん、よっぽど伝えたいことがあるんでしょうけど、それならもっとほかの方法を使うと思うんですよね。

たとえば、メールとかＬＩＮＥとか。

幽霊って科学的には〝脳波の残りカス〟みたいなものだという考え方があるらしいんですが、僕も〝電気信号〟みたいな存在じゃないかと思っていて。

だからむしろメールやＬＩＮＥのほうが得意なんじゃないかな？

幽霊たちの間でもLINEが流行しているようです

どうやら幽霊たちの間でも、少しずつLINEが浸透してきているようです。「死んだはずの人からLINEが来た」という話も、よく耳にするようになりましたし。実際に僕の先輩が、幽霊からのLINEを受信してしまったこともあります。

ある日、先輩がスマホで地図を見ながら歩いていると、急に自分の現在地の表示がまったく動かなくなったんです。

前に進んでも、うしろに戻っても微動だにしなくて。「調子悪いのかな？」と困っていたところに、「ピコンッ」とLINEの受信音が鳴りました。見ると、まったく知らないアカウントから「こんにちは」というメッセージが。

不審に思ったものの、一応「どちら様ですか？」と返信すると、「そちらこそ、どちら様ですか……？」と、困惑した答えが返ってきたそうです。

話を聞いてみると、相手はメッセージなんて送った覚えがないと言います。そこで、トーク画面のスクリーンショットを送ってもらうと、たしかにそんな形跡はありません。結局、先輩のほうが不審者に思われて、そのままブロックされてしまいました。
ただ、あとから気になって調べてみると、現在地が動かなくなってしまった場所は、ちょうど何カ月か前に殺人事件があった現場とぴったり重なっていたそうです。たぶん殺された人の幽霊が、先輩に気付いてほしくてＬＩＮＥを送ってきたんでしょうね。やっぱり電子機器のほうが、幽霊でも操作しやすいみたいです。

ただ、幽霊ができることは生きているうちに経験したことに限られていると思います。もし、パソコンやスマホの操作に慣れないうちに死んでしまったら、幽霊になってからも、うまく使いこなせないんじゃないかな。

だから、ＬＩＮＥでメッセージを送ってくる幽霊は、最近亡くなってしまった人のはず。わりと〝フレッシュ〟なほうなんだと思います。

最強のパワースポットは〝鶴瓶さん〟説唱えてます

人気のある芸能人や、これから売れる人には、たくさんの〝いいもの〟がついています。そのほとんどは、ファンの人たちが飛ばす好意の生き霊です。

これまで、いろいろな人たちを霊視してきましたが、ケタ違いにすごかったのは、間違いなく笑福亭鶴瓶さん。

きちんと霊視させてもらったわけじゃなくて、僕が小学生のときにお見かけしただけなんですけどね。

ある日、母と買い物に出かけると、200メートルくらい先にある商店街に、巨大な何かが〝もわ～ん〟としているのが見えました。

じっと見ていると、それがだんだん巨大な鶴瓶さんのように思えてきて。ふと「あそこに鶴瓶がいる！」と感じました。

母に言ってもぜんぜん相手にしてくれなかったんですが、実際に商店街まで来てみると、本当に鶴瓶さんがロケをやっていたんです！

鶴瓶さんの周りには、応援しているファンの生き霊はもちろん、すでに亡くなっている人の霊も大量についていました。

死んでしまった人たちからもあんなに愛されているなんて、鶴瓶さんのほかにはいないんじゃないかな。

さらにすごいのが、なにか〝悪いもの〟が寄ってきても、すぐにはねのけてしまうこと。たぶん、周りの人についている〝悪いもの〟まで、一緒に引きはがしちゃうんじゃないかと思います。

恨みの念とか悪意の生き霊がついて困っている人には「なんとかして鶴瓶さんに会ってください！」とアドバイスすることもあるくらいです（笑）。

〝悪いもの〟をとってくれるという意味では、鶴瓶さんは最強の〝パワースポット〟といえますね。

フレンチブルドッグの幽霊犬、飼ってます

実は以前、自宅が火事にあったことがあって。そのとき、飼っていた愛犬を亡くしてしまいました。

フレンチブルドッグで、名前はラガー。当時、7歳半でした。

火事のあと、1週間ほど車中生活をして、やっと新居に腰を落ち着けたころ。突然、家の中にラガーの霊が現れたんです。

幽霊になってまで、僕たち家族のことを捜し当ててくれたのかと思うと、すごくうれしかったですね。

常に姿が見えているわけじゃないものの、ふとした瞬間に存在を感じます。

生前のラガーは、すごい食いしん坊だったんですが、僕がハンバーグなんかを食べていると、明らかに〝獣臭〟がしてくるんですよ(笑)。

親父と僕にはたまに姿が見えるので、そのたびに「ラガー」って呼びかけています。

おふくろには霊感がないので、はじめは「ふーん、いるのね」くらいの反応だった

んですけど、一度だけラガーの姿が見えたことがあったみたいで。「ラガーだ！　ラガーがいた！」って、すごく喜んでいました。

死んだ動物が幽霊になるかどうか、よく聞かれることがありますが、僕の印象ではそんなに多くはありません。

家畜として飼われているような牛や豚、鶏なんかの霊は見たことがないですし。猫の霊もあんまり見ないですね。

これはたぶん、死ぬときにこの世への執着がないからなんじゃないかなと思っています。

ただ、犬のように人間への忠誠心が強い動物は、自分が死んだあとの飼い主のことが心配で、幽霊になって戻ってきてくれるのかもしれません。

タクシー運転手ほど霊を怖がらない人はいない

僕よりはるかに強い霊感を持つうちの親父は、タクシー運転手をしています。親父から、よくタクシー業界の心霊話を聞くこともあるんですが、タクシー運転手ほど幽霊を怖がらない人たちはいないと思います。

というか、みんな霊に慣れっこなんです。ほとんどの人が一度は幽霊を乗せたことがあるんじゃないかな。なんて、さすがにそれは言いすぎかもしれませんけど（笑）。

それにしても、なんでタクシー運転手さんに限って、幽霊との遭遇率が高いんですかね？

僕の推測では、お客さんを探そうと必死になって周りを見ているから、〝感度〟が高まっちゃうんじゃないかと思うんですけど。

そうやって慣れてしまっているから、タクシー運転手さんが幽霊を乗せたと気付いたときは、怖いって気持ちより走った分のお金がもらえない悔しさのほうが勝つらしいんです。

たとえ乗客が幽霊でもメーターは回ってますからね。売り上げを合わせるために、自腹を切らないといけないこともあるんだとか。

だから「チッ！　幽霊なんか乗せちまったぜ！」って感じなんですかね（笑）。

その点、うちの親父は、幽霊と人間を見分けることができるので、損をしないですんでいるそう。

もしも幽霊を乗せてしまったら、メーターを回さなければいいだけですから。

害のなさそうな幽霊だったら、生きているお客さんを同乗させちゃうこともあるらしいですよ。

幽霊と相乗りできる、世にも珍しいタクシーです（笑）。

霊にツッコミをいれたくなった瞬間

幽霊が見えるのが当たり前すぎて、基本的にはその存在を意識することはありません。

ただ、そんな僕でも、ついつい気になってしまう幽霊もいます。

ある日、ライブの出番の前に、劇場近くのドラッグストアに飲み物を買いに行ったんです。そうしたら、店内に40代くらいの女の人がいて、ずーっと風邪薬を選んでるんですよ。

そのときはとくに何も思わなかったんですが、数時間後に出番終わりで再度立ち寄ってみると、まだ同じように風邪薬を選んでいて。

それで「あ、幽霊だったのか」と気が付きました。

と同時に、「いやいや、幽霊なのに風邪薬かーい！」って、思わずツッコんでしまいました（笑）。

でも、よくよく考えてみると、ちょっと悲しい光景だったのかもなって。

風邪薬を買いに来たときに事故にあったりして、自分が死んだのに気付いていないのかもしれないし、もしかしたら子どもに飲ませるための風邪薬を選んでいたのかもしれないし……。

僕は霊と会話することができないので、どんな事情があるのかは想像するしかありません。

でも、何時間もずっと風邪薬を選んでるって、よっぽどなにか強い思い入れがあるんじゃないでしょうか。

いろいろと思いを巡らしていたら、なんだか切ない気持ちになってしまいました。

実は初恋の相手も幽霊なんです

あれは、中学生のころ。

生徒会の仕事をしていて、帰りが夜の9時くらいになってしまった日のことでした。

資料を返しに、ひとりで図書室へ向かったんですが、夜の学校って不気味ですよね。

誰もいないし、真っ暗だし。

そのころは、まだそんなに幽霊の存在に慣れていなかったので、「怖いな〜」なんて思いながら廊下を歩いていました。

すると、目の前にいきなり、見たことのない制服を着た女のコが現れたんです。

普通ならゾッとする場面ですよね。

でもそのコがめちゃくちゃかわいくて！

僕、一瞬で恋に落ちちゃったんですよ。生まれてはじめての一目ぼれでした。

思わず目を奪われていたら、急にそのコが走り出して。僕も慌ててあとを追いかけました。

どんどん階段を駆け上がっていくんですけど、踊り場のところでたまにニコッと振り返ったりして。

いやあ、かわいかった！

でも、最上階まで追いかけて行ったところで、姿を見失ってしまいました。

「もしかして」と思って屋上のドアに手をかけると、いつも閉まっているはずの鍵が開いている……！

ドキドキしながら外に出たんですけど、女のコは見当たらなくて。

そのとき「あ、幽霊か」と気付きました。

でも、やっぱり好きだから、しばらく辺りを捜してたんです。

そうしたらいきなり、背中をものすごい力でドンと押されて。

危うく屋上から落ちて死ぬところでした。

それでも、やっぱり好きでしたけどね（笑）。

霊は出てきませんが、霊より怖かった体験

大学4年のとき、知らない女のコと同棲している夢を見ました。残念ながら、あんまりタイプのコではなかったんですけど（笑）。「ご飯できてるよ」「ありがとう」なんて、仲むつまじく会話しているはずなのに、なんだか心にもないことを言わされている感覚で、すごく嫌な気持ちでした。しかもその夢、１カ月間毎晩見続けたんです。その時期は、朝起きるといつも疲れ切っているような状態でした。

そんなときに大学へ行くと、同じゼミの女のコに話しかけられて。「はやともくんと仲よくなりたいってコがいるから、紹介してもいい？」とのこと。僕、ちょっと舞い上がっちゃって、すぐに「ぜんぜん、いいよ！」って返事をしました。ドキドキしながら待っていると、そこに現れたのは、なんとあの夢に出てくる女のコ。

めちゃくちゃびっくりしたし、不気味だったんですけど、僕の霊感が勝手に彼女の

好意を感知しちゃったのかも……と思い、一応「はじめまして」と挨拶しました。

そうしたら彼女、クスッと笑って「はじめましてじゃないですよね?」って。

背筋が凍るかと思いました。

怖すぎて、すぐに適当な理由をつけて帰ったんですが、後日、紹介してくれた女のコに経緯を話すと、「実はあのコの元彼からも『毎晩夢に出てくる』って、相談を受けてたんだよね……」と。

その元彼は精神的に参ってしまい、体調を崩してしまったそうです。

いま振り返ると、たぶん生き霊の一種だったんだろうと思います。

生き霊って、幽霊よりも怖いです……。

僕の体には黒い槍が突き刺さっている

映画の試写会に、ゲストとして出演したときのこと。そこでご一緒した女優さんが、人の〝オーラ〟のようなものが見える人だったんです。

その人が「頭の上にりんごが見える」と言ったスタッフさんの実家がりんご農家だったりして、これは本物かもと思い、僕も見てほしいと頼みました。

そうしたら、「頭の上から〝黒い槍(やり)〟が突き刺さってます」とのこと。

なんじゃそれ！　って思いますよね。でも、その女優さんも「こんな人初めて見たから、どういうことかわからない……」と。

ただ、「手相を見たらわかるかも」と言ってくれたので、あわせて見てもらうことにしました。

そうしたら彼女、僕がパッと手を差し出した瞬間ものすごく険しい表情になって。

そのまま何も言わずに行ってしまいました……。

だから結局、〝黒い槍〟が何なのかは、わからずじまい。

実は僕、こういう経験すごく多いんです。

芸人御用達のよく当たる占い師さんのところへ行ったときも、向かい合った瞬間、「うえーっ」と吐かれてしまったり。

しかも僕を見たあと、その人の占い、ぜんぜん当たらなくなっちゃったらしいんですよ。本当に申し訳ないことをしました。

人の頭の上に乗っている〝神様〟みたいなものと対話して占うって人に会いに行ったときは、ドアを開けた瞬間、「無理だ、帰ってくれ」と言われました。

なんでも、僕の頭の上にいるヤツが、部屋に入る前からずーっと「死ね」「殺すぞ」と暴言を吐き続けているらしく。占えるような状態じゃないんだそうです。

誰か僕のことを占ってくれる人、いないですかね……？

浮気の証拠を隠しても僕には見えちゃう

僕には、生きている人の霊体が、その人の体にぼんやり重なって見えています。たぶん、人間の〝エネルギー〟みたいなものだと思うんですけど。

実はその様子で、人の本心までわかっちゃうんですよね。

学生のころ、こんなことがありました。

友達が、すごくかわいい女のコと付き合いだして。人前でもイチャイチャしているから、うらやましいような、ねたましいような気持ちで見ていたんです。

ただ、ちょっと不思議だったのは、彼女の霊体がぜんぜん友達のほうを見ていないこと。むしろまったく逆のほうを向いていました。

どういうことなんだろう？　と思っていたら、なんとその彼女、7人の男と浮気していたらしいんです！

しかも、僕の友達はランクで言うと5番目の男……。

そりゃ、そっぽを向いてますよね（笑）。

真剣に付き合っているカップルなら、霊体も向かい合っていることがほとんどです。

だから、浮気をしている人は、僕にはひと目でわかっちゃいます。

それから、好きって気持ちがかなり強いと、お互いに相手の生き霊がついてたりすることもありますね。

ちなみに、僕には基本的に生き霊の顔まではよく見えません。ではなぜそんなことがわかるのかというと……。生き霊がついている人のそばに飛ばしている本人がいると、ぼんやりしているはずの顔がはっきりしてくるんです。

僕もいつか、お互い生き霊を飛ばし合える女性と結婚できたらいいな〜。

〝幽霊には足がない〟には否定派です

よく「幽霊には足がない」って言いますよね。

でも、僕が見ている霊たちには、ばっちり足があります。

その話題でいつも思い出すのが、学生時代に毎朝同じ電車に乗り合わせていた幽霊のこと。

はじめは、顔も体もはっきりしていたんですが、見かけるたびに、少しずつゆがんでいっているように見えて。

何週間か経(た)つころには、肩から上の辺りが〝ぐちゃぐちゃ〟になっていました。目の位置がおかしかったり、耳が変なところに付いていたり。たとえて言うなら、ピカソの絵みたいな感じですかね。

しかも、さらに時間が経つにつれ、そのゆがみはどんどん大きくなっていって。ついに全身まで広がったかと思うと、今度は頭のほうから徐々に姿が見えなくなっていきました。

だけど、足は最後まで残ってたんですよ。

そのあとも何度か、顔がゆがんで見える幽霊に出くわしているので、幽霊は頭のほうから消えていくものなんだと思います。

これはたぶん、自分の顔を忘れちゃうせいだと思うんですよ。幽霊って鏡に映らないものなので、死んでからしばらく自分の顔を見ていないと、そのうち思い出せなくなるんじゃないかなって。

でも足は、幽霊になってからも自分の目で見えているから、最後まではっきり残るというわけです。

だから「足のない幽霊に追いかけられた」って話はインチキくさいんですけど、逆に「足だけの幽霊が歩いていた」なら、信ぴょう性が高い気がします。

それなら僕も、たまに見かけますから。

霊が人を殺そうとする瞬間を見ました

何年か前、友達の彼女が急に亡くなりました。

家まで慰めにいくと、ベッドの上にニコニコ笑っている彼女の幽霊がいたんです。

今もそばにいてくれていることを友達に伝えようかと思った瞬間、彼女が「ねえ、いつ死ぬの?」と言い出したんです。

びっくりして彼女のほうを見ると、相変わらずニコニコしていて。聞き間違いかな?と思いつつ、何も言わずに帰りました。

そして5日後。その友達の家に泊まりに行きました。

彼女はやっぱりベッドの上にいて。しかも今度は「いつ死ぬの?　ねえ、いつ死ぬの?」って連呼してるんです。

これはさすがに聞き間違いじゃないなと思ったんですが、生前の彼女はすごく優しいコだったので、どうしてそんなひどいことを言うのかまったくわかりませんでした。

そこで友達に、「彼女に『お前が死んだら俺も死ぬよ』みたいなこと、言わなかった?」と聞いてみると、「そんなようなことは言ったかも」と。

その夜、僕はなかなか寝付けませんでした。彼女の霊がずーっと「いつ死ぬの？」と言い続けていたので……。

だから気付かれないように観察してたんですけど、夜も更けてきたころ急に、彼女の顔が恐ろしい形相に変わって。「死んでよ！」と叫びながら友達に覆いかぶさり、殴るような動きをしたんです。

すると、彼が「ううう……」と苦しそうな声でうめきだしました。すぐに駆け寄って起こそうとしたんですが、ぜんぜん目が覚めなくて。

しかも、うめき声がやんだかと思うと、今度は息をしていないんです！

慌てて救急車を呼んで、友達はなんとか一命をとりとめました。

あの夜以来、友達の家に行っても彼女の霊は見ていません。

家族で唯一霊感のないおふくろの霊体験

僕にも親父にも霊が見えるので、うちの家族で霊感がないのはおふくろだけです。

でも、長年親父と一緒にいるなかで、不思議な体験に巻き込まれることは何度もあったとか。

たとえば、２人が結婚する前に旅行へ出かけたときのこと。

お金に余裕がなかったので、かなり安い旅館を選んだんですが、部屋に入った瞬間から、親父もおふくろも嫌な雰囲気を感じたそうです。

でも、今さら宿を変えるわけにもいかず……。

その日は、とにかく早く寝てしまうことにしました。

そして深夜。ふと目を覚ましたおふくろが、トイレに行こうと起き上がったとき、誰かにグッと腕をつかまれました。

驚いて振り返ると、化粧台の鏡の中から女の人が〝ぬうっ〟と飛び出して、おふくろを引きずり込もうとしていたんです……！

でも実はこれ、おふくろの夢の中のできごと。

ただ、ものすごいうなされようで、親父が気付いたときには、鬼のような形相で寝ていたそうです。心霊現象に慣れている親父ですら、心配になるほどの様子だったといいます。

すぐに親父が叩き起こしたのでなんともなかったんですが、それからおふくろは怖くて眠れない日々が続いたとか。

まあ、そんなおふくろも今では、けっこうなポルターガイストが起こってもゲラゲラ笑ってテレビ見てますけどね。

亡くなった人だって遊園地を楽しみたいんです

霊が集まりやすい場所って、どこだと思いますか？

トンネル、廃虚、墓地、水辺……と、よくある心霊スポットを思い浮かべる人も多いかもしれませんが、残念ながら違います。


正解は、なんと「遊園地」です！

遊園地に行って「混んでるなー」と思っていたら、半分くらい幽霊だったたってことがよくありますから。

たぶん幽霊も生きている人と同じで、できるだけ楽しい場所にいたいんでしょうね。


とある遊園地で、おばけ屋敷のクモの巣を張り替えるバイトをしたときも、普通にいましたよ、幽霊。

本物の〝おばけ〟がおばけ屋敷を回ってるっていう、シュールな光景でしたね（笑）。

ほかにも、アトラクションの説明ＶＴＲを熱心に見ていたり、乗り物で隣に座ったおじさんの上に座ってきたり……。いたるところで見かけます。

ただ、ジェットコースターだけは、霊には楽しめないみたいです。

一度、隣に乗ってきた幽霊が、コースターの急降下と同時に置いていかれたのを見たことがあって（笑）。幽霊がジェットコースターに〝乗る〟ためには、自分であのスピードに合わせて動かないといけないんだと思います。

なんか、めちゃくちゃ疲れそう……。

だから、映像を見たり、歩き回ったりするタイプのアトラクションを選んでいる霊には「こいつ、わかってるな」って思うんです。

心霊写真はたいていニセモノです

よく「心霊写真を見てほしい」と、お願いされることがあります。

腕とか脚とか、体の一部が透けているもの。

光の玉のようなものが写り込んでいるもの。

いろいろなパターンがありますが、たいていはカメラの誤作動とか、光の加減で偶然撮れたもので、霊とは関係がありません。

どうしてそう言い切れるのかと言うと、僕は本物の心霊写真ならパッと見ただけでも「気持ち悪い」と感じるからです。


以前、吉本の先輩芸人、風来坊の伊山さんに、京都で撮った心霊写真を見せてもらったことがあります。

見た瞬間に「これは本物だ」と確信しました。

ゾワッと一気に悪寒がしましたから……。

問題の写真は、伊山さんが仏閣を見上げている姿を写したもの。ただ、一面に白いもやがかかっていました。

「うわー、これは写っちゃってるな」と思いながら、ふと写真の向きを縦から横に変えてみたんです。

すると、白いもやに見えていたのは、男の人の幽霊が大きく口を開けて叫んでいる顔でした。

しかも、それが何体もずらっと並んでいるんです……。

あれは、僕が見たなかで、一二を争うほど怖い心霊写真でした。

〝犬や猫には幽霊が見えているのか〟問題

犬や猫が、何もないのに一点を見つめていると、そこに〝何か〟がいるような気がしてきませんか？

猫は飼ったことがないのでわかりませんが、犬にはたぶん幽霊が見えているんじゃないかと思います。

火事で死んでしまった愛犬ラガー。

ラガーが生きていたころ、誰も使っていない部屋に向かって、ワンワン吠えている光景をよく見かけました。

ちょっと気になって、ラガーが吠えているほうを見に行ってみたことがあるんですが、そこには、死んだばあちゃんが座っていました。

ラガーは、ばあちゃんが死んだあとにうちに来たので「知らない人がいるぞ」って思って吠えていたんでしょうね。

でも、僕が見ていた限り、すべての霊に反応していたわけじゃないんです。

もしかしたら、霊が何かを伝えようとしているときに、それを察知できるんじゃないのかなって。

両親が貸していたアパートに住むお年寄りが、突然亡くなってしまったことがあるんですけど、その人の霊が家賃を払おうとうちを訪ねてきたとき、ラガーはドアをカリカリ引っ掻いてましたから。

犬って、人間の気持ちを理解しているようなところがあるじゃないですか。だから、幽霊の思いがわかっても不思議じゃないですよね。

女のコの霊にストーカーされました

吉本の養成所に在学中、はじめてのライブが終わってすぐのころ。教室に、高校生くらいの女のコが立っているのが見えました。ほかのクラスメートには見えていないようだったので「ああ、幽霊だな」と。

気付いたときには消えてしまっていたんですが、それから、いろいろな場所で彼女に遭遇するようになりました。

ライブ中の舞台袖にいたり、電車で隣の席に座っていたり、エスカレーターで目の前に立っていたり……。

そのうち家の中にまで現れるようになって。しかも目が合うと、〝にたーっ〟と笑いかけてくるんですよ。

さすがにしんどいなと思っていたんですが、養成所を卒業してからは徐々に見かけなくなっていきました。

でも、卒業してはじめて舞台に立ったとき、そのコが客席に座っているのが見えて。思わずギョッとしてしまいました。

しかもライブが終わって劇場から出たところで、また彼女を見かけたんです。すると、後ろから両親らしき人が現れて、一緒に帰って行きました。

彼女、普通に生きている人でした。僕が見ていたのは生き霊だったんです。

あんなにはっきり見える生き霊を飛ばしてくれるなんて、僕のことすごい応援してくれてたんだろうな……。

めちゃくちゃありがたいんですが、正直ちょっと怖かったです(笑)。

服装の趣味が変わったら、霊がついているかもしれません

ホラー系のドラマや映画にはよく、幽霊に取りつかれるシーンが出てきますよね。

でも僕は、幽霊に取りつかれた人があんなふうに鬼の形相になったり、怪物みたいに叫んだりするのをほとんど見たことはありません。

実際には、もっとささいな〝変化〟です。

学生時代、仲のよかった女子のなかに、いつもギャル系のファッションをしているコがいました。

あるとき、そのコの肩の上に黒い〝影〟のようなものが現れたんです。「霊だろうな」とは思ったんですが、なぜだか僕にも正体がよくわからなくて。

でも、悪いものではなさそうだったし、変に怖がらせてもかわいそうなのでとくに何も言わずにいました。

ただ、そのあと彼女にある変化が起きて。ずっと派手な服ばかり着ていたのに、急に清楚(せいそ)な格好をするようになったんです。

まあ、いきなり服の趣味が変わることもあるだろうし、あまり気にしていなかったんですが……。

半年くらいたったころ、また急にもとのギャル系のファッションに戻ったんです。そのときには、ずっと肩の上に見えていた黒い影も、きれいさっぱりなくなっていました。

たぶん取りついた霊が、彼女の無意識の感覚に影響を与えていたんじゃないかと思います。

たとえば、おしゃれを楽しむ前に死んでしまった女のコの霊が、自分の着たかった服を選ばせていたとか……。

霊に取りつかれても、ホラー映画のように正気を失うことはめったにありませんが、無意識の部分を変えられてしまうのは、ちょっと嫌ですね。

ひとりっ子は死んでも幽霊になれないかも⁉

人の霊体の真ん中には、〝魂〟のような部分があります。

僕はこの部分を「プライベートゾーン」と呼んでいるんですが、そこをさらに深く探っていくと、その人の核となる「根っこ」のような部分が見えるんです。

でもたまに、どんなに探してもその「根っこ」が見つからない人がいます。たぶん、周囲の人に気を使いすぎて「確固たる自己」というものを持っていない人なのかなと思います。

そういう人って、話す相手が変わるたびに、霊体が〝スパン、スパン〟って入れ替わるように見えるんです。根こそぎ別人になってしまうような感じで……。

僕には小さいころからそれが見えていたんですけど、霊体が入れ替わる瞬間は、なかなかシュールな光景です。

経験上、霊体に「根っこ」がない人って、ひとりっ子の場合がほとんどです。だから実は、僕自身もそうなんじゃないかなって思ってるんですが……。

ひとりっ子って、親が子どもに期待する役割を全部1人で背負わないといけないじゃないですか。末っ子みたいに、ベタベタに甘えることもあれば、長男や長女みたいに、自立したところを見せるときもあったり……。

親に対する気遣いから「自分ひとりで全部の役割をこなさなきゃ！」って思っちゃうんですよね。

そうすると自分が本当はどんな人間かわからなくなっちゃうんです。だから霊体に「根っこ」がなくて、次から次へと入れ替わるんだと思います。

ちょっとでも思い当たる人は、周囲に気を使うのをやめて自分の「根っこ」を育ててみてはどうでしょうか。

「根っこ」がない人って死んでも幽霊になれない気がしますから。

霊感はなくても野性の勘は信じたほうが身のためです

ふだん霊が見えない人でも、寒気がしたり、なんだか嫌な感じがしたりする瞬間ってありませんか?

それ、「気のせいだ」って決めつけないほうがいいと思います。人間が持っている〝野性の危機管理能力〟が働いている可能性がありますから。

ある先輩芸人の方が、新居を探していたときの話です。

いろいろな物件を見て回っても、なかなか条件に当てはまるところがない。なかばあきらめかけていたとき、新築のマンションで立地もいい、細かい条件もすべてクリア、家賃も予算内におさまる……という、最高の物件を見つけたそうです。

「これでやっと、部屋探しから解放される!」と意気揚々と足を運んだ先輩。

でも、その部屋に入った瞬間、なんだかとてつもなく〝嫌な感じ〟がしたそうです。

もしかして事故物件じゃないかと疑ったんですが、マンションは新築だし、ネットで調べてもそんな情報は見当たらない。

家賃や条件を考えると最高の物件でしたが、どうしてもその〝嫌な感じ〟がひっかかり、結局別のところに引っ越したそうです。

そして引越し作業もひと段落したころ、急に不動産屋さんから電話がかかってきました。

「あの物件、選ばなくて正解でしたね。今ニュースでやってる無差別殺人の現場、あのマンションですよ……」

もし〝嫌な感じ〟を無視して物件を決めていたら、その事件に巻き込まれていたかもしれません。

霊感がなくても、自分が持っている〝野性の危機管理能力〟は、信じたほうがよさそうです。

担当編集さんの霊体が少しずつゆがんでいる理由

この本の担当編集さんとは何年か前からお付き合いがあるんですが、一時期、霊体がゆがんで見えていたことがありました。

普通は霊体って、その人の実体と重なり合って見えるものなんです。基本的には、顔の表情も、体の動きもまったく同じ。

それなのにその時期の担当さんは、霊体がグネグネゆがみ続けていたんです。はじめは「霊体がゆがんでますよ（笑）」なんて冗談めかして言っていたんですが、会うたびにゆがみがひどくなっていくので、ちょっと心配になってきて。

というのも、女性の霊体がゆがむときって、男性不信になっていることが多いんです。とくに、こっぴどいフラれ方をしたときとか。まあ、何もなさすぎて逆に男嫌いになってるって場合もあるんですけど……。

半年くらいゆがみが続いたとき、さすがに「男性関係で何かありましたか……？」と聞いてみたんです。

そうしたら、なんと「彼氏ができた」って言うじゃないですか！

それで「そういえば、恋愛にのめりこみやすい女性って、彼氏ができると霊体がゆがむんだよな」って思い出しました。

彼氏のことが好きすぎるあまり、そっちに霊体が引っ張られちゃうんですね。

担当さんの意外な一面を知ることができたわけですが、仕事に集中してくれよって思いました（笑）。

お盆にはちゃんと先祖の霊が帰ってくるんです

日本では、お盆に先祖の霊が帰ってくると言いますよね。そして、その霊を迎えるためにやるのが「迎え火」です。

前の家が火事になるまで、うちでは毎年やっていました。すると、本当に先祖の霊が帰ってくるんですよ。

迎えていたのは、僕が中学2年生のときに亡くなってしまった、ばあちゃん。ばあちゃんはこっちに帰ってくると、寝たきりのじいちゃんのそばをずっと離れないんですよ。じいちゃんには霊感がないので、ばあちゃんの姿は見えてないんですけどね。

でも僕には、2人が寄り添っている姿が見えていたので、いつも「いい夫婦だな」と思っていました。

ある年のお盆も、例年のようにばあちゃんを迎えたのですが、いつもとちょっと様子が違っていました。

じいちゃんとばあちゃんの霊しかいないはずの部屋から、楽しそうな声が聞こえてきたんです。

どうやら、じいちゃんとばあちゃんは会話ができるようになっていたみたいで、夫婦水入らずの時間を過ごしていたようです。

そして、例年どおり「送り火」でばあちゃんを見送ったんですが、それから半年ほど経って、今度はじいちゃんが亡くなりました。

たぶん死期が近かったから、ばあちゃんの声が聞こえるようになっていたんだと思います。

それからは、ばあちゃんもじいちゃんも、ちっとも帰ってきてくれなくなったんですよ（笑）。あっちで2人仲よくやってるんでしょうね。

今田耕司さんの場合

芸能界イチ生き霊に愛されている人です

千八百人のファン

身体だけの女性

超客観視点

自己愛

ついているファンの生き霊が、なんと明石家さんまさんよりも多いんです！　僕が霊視した人のなかではいちばんかも。

今田さんは自己愛が強い人なので、それが自信につながって仕事が絶好調なんだと思います。

ただ、自己愛が強すぎるあまり、好意を持ってくれている女性の生き霊さえ「プライベートゾーン」に入れようとしてなくて。結婚は、まだまだ先になるんじゃないかな。

PART2

幽霊よりも、生き霊が怖い！

悪霊をたくさん率いた先輩のために一肌脱ぎました

霊感がまったくなくても、霊が〝つきやすい〟体質の人がいます。

先輩芸人、ニューヨークの屋敷さんがまさにそう。ライブでご一緒したときも「いつ死んでもおかしくない」ってくらい〝悪いもの〟がたくさんついていました。

「これはさすがにマズいぞ」と感じた僕。そこで、屋敷さんについている悪霊を全部僕が引き継ぐことにしたんです。

ちなみに、どうやって霊を引き継ぐのかというと、ただひたすらお願いするだけ。

「どうか僕のほうに来てください！」って感じで。

僕は霊と会話ができないので、とにかく〝念じる〟しかないんですよ……。

なんとかすべての悪霊を引き継ぐことができたんですが、それから急に具合が悪くなって。トイレでずーっと吐いていました。

あれだけの悪霊がついていてなんともなかった屋敷さん。ちょっと鈍感すぎますね。

それはさておき。悪霊を引き継いだものの、僕は自分でお祓（はら）いすることはできません。誰か祓える人を探さないとなと思っていたとき、たまたま凄腕の霊能師さんにお会いする機会があったんです。

会って早々、「なんかすごいのたくさん連れてますね」と言われました。それで事情を説明して、祓ってもらえないかとお願いしたんです。

そうしたら「いいですよ。はい、取れました」と。たった一瞬、僕の肩に触れただけなんですよ。

ウソだろって思ったんですけど、肩がすーっと軽くなって。ずっと続いていた吐き気も治まりました。

いやあ、本当にすごかったです！

僕の霊感なんてまだまだだなと、実感したできごとでした。

霊にも性欲があるんだな～と気付いた瞬間

僕の周りには、常に5、6人の幽霊がくっついています。

さながら「はやとも御一行様」って感じです。

街なかで、つい目が合っちゃったりすると、もれなくついてくるんですよ……。きっと、自分の姿が見えていることがうれしいんでしょうね。

ただ僕の場合、姿は見えても、何かをしてあげられるわけじゃないので。数時間すると、「こいつ、使えないな」って感じで離れていきます。

そうやって、毎日のように霊を〝とっかえひっかえ〟している僕ですが、たまになかなか離れてくれないヤツもいるんですよね。


あるとき、自宅でエロ動画を見ていたら、僕とスマホの間にぬっとおじさんの顔が入りこんできて。エロ動画をじーっと見てるんです。

「霊にも性欲ってあるんだな～」なんて思いつつ、おじさんの頭のせいで動画が見えなかったので、スマホをちょっと横にずらしました。

するとおじさんの顔も一緒についてくるんです。スマホを左右に動かしてみても、寝転んだり起き上がったりしてもダメ。画面にくっついて、食い入るように動画を見ていて。ほんと、すごい邪魔でした……。

しょうがないので、もう諦めて寝ようと思い動画を消したら、おじさんの顔がいきなり〝くるんっ〟とこちらに振り返って。

めちゃくちゃ怖い顔でにらみつけてきたんです。

「そんなに見たいのか……」と、ちょっと申し訳なく思いながら眠りについたんですけど、翌朝目が覚めたとき、目の前におじさんのにらみ顔があって。心臓が止まるかと思いました。

おじさんは一晩中、僕のことにらみ続けていたみたいです。

エロ動画への執念、すごすぎますよね（笑）。

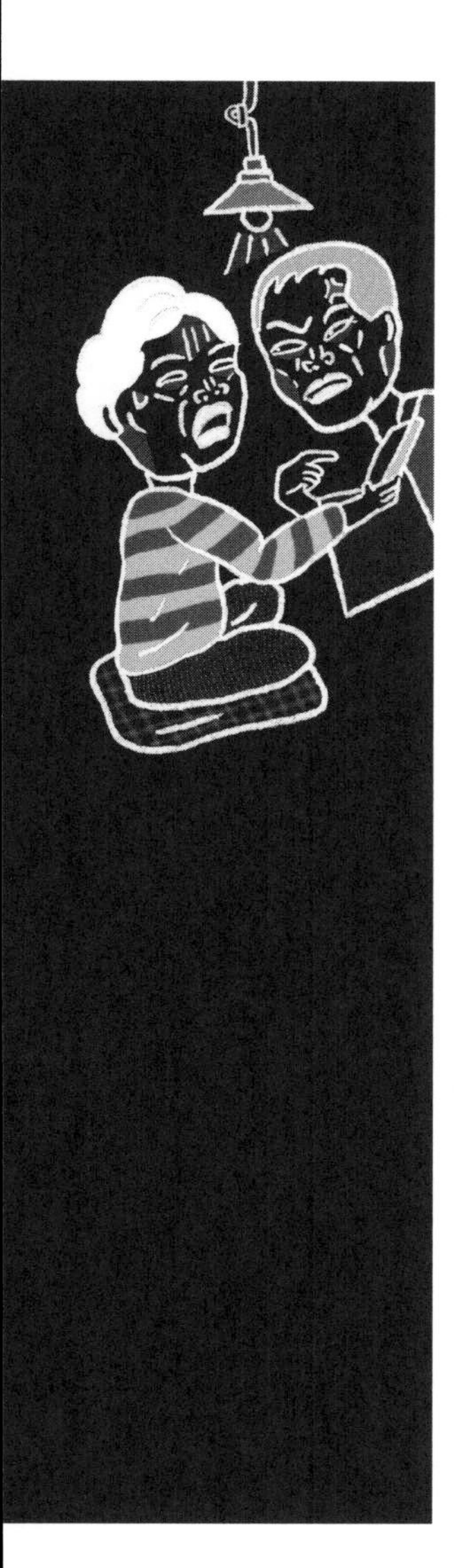

家族で事故物件の内見に出かけたら怖かった

自宅が火事で燃えてしまったあと、父と母と僕の家族3人で車中生活をしながら新しい家を探していました。

不動産屋さんでいろいろと物件を紹介してもらったんですが、初期費用を抑えようと思うと、事故物件くらいしか選択肢がなかったんですよね。

でも、僕も親父も幽霊には慣れているので、とくに気にすることもなく内見に出かけました。

物件に到着すると、不動産屋さんの女性が車を駐(と)めに行くと言うので、僕と両親の3人で先に部屋を見に行ったんです。

入ってみると、事故物件とはいえ間取りも申し分ないし、日当たりも良好。

いい部屋だなと思っていたら、背後から「ここ、素敵じゃないですか？」と不動産屋さんの声がしました。

「たしかにいい感じですね」「とても住みやすいんですよ」なんてやりとりをしているうちに、僕はすっかりそこに住む気になってしまっていて。

親父に「ここ、いいんじゃない？」と声をかけたんです。

でも親父は「うーん……」となぜかぜんぜん乗り気じゃない。

不思議に思っていると、「ここにしましょう！」と不動産屋さんが、ぎゅっと僕の手を握ってきたんです。

まさか僕に気があるのかな、なんてドキッとしたのもつかの間。

急に手を握る力が強くなって「ねえ、ここで〝一緒に〟住みましょうよ！」と。

その瞬間、ガチャッとドアが開く音がして「お待たせしました！」と本物の不動産屋さんが入ってきました。

僕が話していたのは、その部屋に住む幽霊だったんです。

親父にはすぐに正体がわかっていたみたいですが、それなら早く教えてくれよって感じですよね。

パワースポット巡りはいいことばかりではない

行楽シーズンや年末年始には、神社やお寺に出かけるという人も多いんじゃないでしょうか。

そんな人たちにひとつご忠告。

いわゆる〝パワースポット〟には、軽い気持ちでは近付かないほうがいいかもしれません。

神社やお寺には、やっぱり不思議な力があって〝悪いもの〟がついていれば、それを取り除いてもらうことができます。

僕も、自宅の火事に愛犬の死と、最悪なできごとが続いたあと、あるパワースポットを訪れたら、肩がすっと軽くなった経験があります。

ところで、取り除かれた〝悪いもの〟はいったいどこへ行くのでしょうか……?

実は、その場にどんどん溜まっていくんです。つまりパワースポットには、何千、何万もの人たちの不幸が蓄積されているというわけ。

でもちょっと考えてみると、何事も溜めていく一方って、無理ですよね。

だからごくたまに、溜まりに溜まった〝悪いもの〟が一気に排出されて、誰かが全部かぶっちゃうことがあるんです。

もしも、それに当たってしまったら、大げさじゃなく即死レベル。人の一生分以上の不幸が一度に襲ってくるわけですから。

もちろん〝何千万人かに１人〟の確率なので、そんなに神経質にはならなくていいと思います。

でも、軽い気持ちで近付くと、とてつもなく痛い目にあってしまうかも……。

パワースポットに出かけるときは、気を引き締めて行ってくださいね！

霊能力の調子がいいときがあります

幽霊が見えるのは当たり前な僕ですが、たまに〝すごくよく見える日〟っていうのがあります。

それはたいてい寝不足のとき。徹夜したあとって、ぜんぜん寝てないのに逆に目がさえたりしません？　アドレナリンが出てるっていうか。

たぶん、それと同じような原理なんだと思うんですけど、霊能力の強弱にも、日によって波があるんですよね。

しかもこれ、僕だけじゃなくすべての人に当てはまるみたいで。ふだんは気付いてないけど、実はちょっと霊感があるって人は、寝不足のせいで急に霊が見えるようになったりするんです。

これは、ある構成作家さんに、ネタ見せをさせてもらったときの話。

ちなみに、僕みたいな若手芸人には、先輩の作家さんにネタを見せてダメ出しをもらう機会が毎週のようにあります……。

「失礼しまーす」と、部屋に入ると、その作家さんはめちゃくちゃ具合が悪そうで。ずっと「オエッ」とえずいてるんです。思わず「大丈夫ですか？」と駆け寄ったんですけど「風邪とかじゃないんだよ。5日連続、徹夜だからさ……」とのこと。

病気じゃないならひと安心なので、そのままネタ見せを始めることにしました。

すると、作家さんが「珍しいね。5人でネタやるの？」って言い出したんです。

もちろん、僕はいつもどおり1人で行ってたんですよ。

どうやら作家さんは徹夜続きのせいで、僕にくっついている幽霊たちが見えちゃったみたいです（笑）。

みなさんも、寝不足のときに見ているのは、いつもと違う世界かもしれませんよ。

生まれて初めて霊視してもらいました

僕だって、自分のことを霊視してもらいたいとは思うんですが、いつも「見られない」って断られちゃうんですよね。

僕を霊視しようとすると、強烈な吐き気に襲われたり、頭の中にとてつもない暴言が飛び込んできたりするらしくて、霊視どころじゃないんだそうです。

でもあるとき、ついに生まれて初めて霊視をしてもらうことができました！

たまたま、凄腕の霊能力者さんにお会いしたとき、頼み込んで見てもらったんです。

その方が初めに言ってくれたのは「お笑い芸人になれてよかったね」ということ。

なんでも一般的な社会のなかだと、僕は愛情に飢えて死んでしまうんだとか。

たしかにお笑いの世界って少し特殊で、みんなすごく愛情深いんですよ。それこそ、家族や恋人以上の絆を感じるというか。

だから、もし芸人以外の仕事に就いていたら、どこにもうまくとけ込めずに、ひとりぼっちで死んでいたかもしれないんです……。

お笑いの世界に入れてよかったなと、改めて感じました。

でも、なんとかして芸人を辞めさせようとする力も強いとのこと。僕の人生を悪いほうに引っ張ろうとしている〝何か〟がいるらしいんです。

しかも霊がついているとかではなく、生まれ持った体質のようなものなんだそう。

「なにか対処法はないですかね？」と聞いたら、「死んだら楽になりますよ」と言われてしまいました……。

ただその方にお会いしてから、ネタを褒められたり、オーディションに受かったり……。ちょっと運気が上がった気がするんですよね。

いま、少しずつテレビに出られるようになっているのも、あの霊能者さんのおかげなのかも。ありがたい限りです。

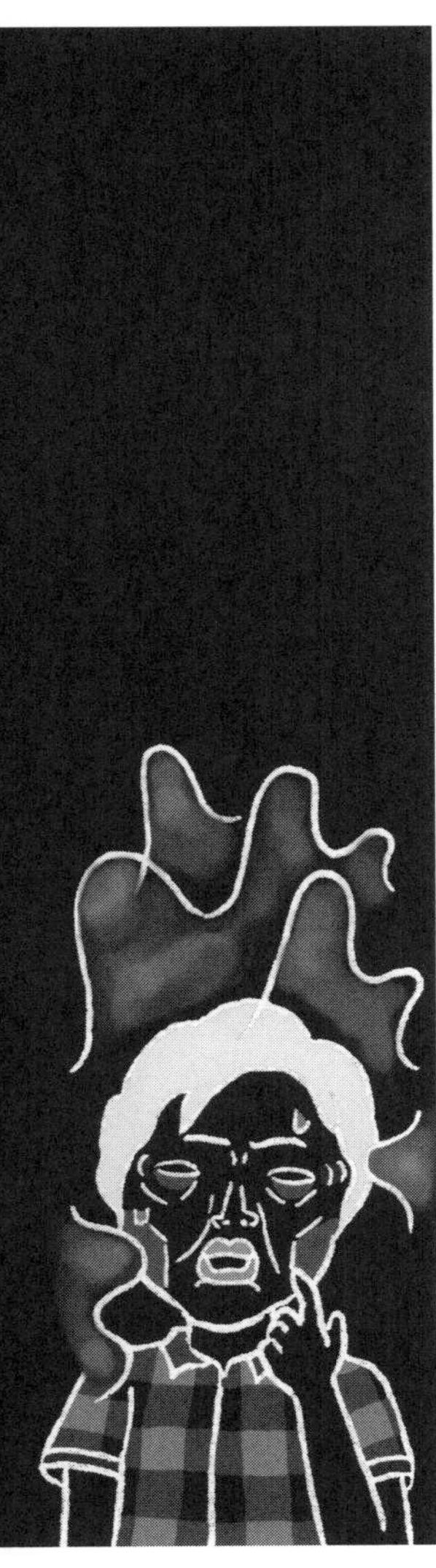

あなたのその風邪、幽霊のせいかもしれません

実は、幽霊につかれたときの体の状態って、風邪の症状とよく似ています。

そこで、これまで多くの幽霊につかれてきた僕が、その〝見分け方〟をお教えしましょう。


まず、幽霊につかれると、とにかく具合が悪くなります。

体がずしんと重くなって、どんどん冷えていく感じ。突発的な吐き気や頭痛に襲われたりすることもあります。

これだけ聞くと、風邪の症状とほとんど変わらないですよね。

ただ、鼻水やくしゃみが出ることはありません。

それと、本当に風邪をひいているときって、自分でも「昨日寒かったからかな」とか何かしら思い当たることがあるじゃないですか。

でも、幽霊につかれているときは、どうして自分の体調が悪いのかさっぱりわからないんですよ。

まるで、自分の体が自分のものじゃないような感覚というか。

もし、何も思い当たることがないのに、どうしても体調が優れないときがあったら、幽霊に取りつかれているのかもしれません……。

それと、直接つかれているわけじゃなくても、幽霊がいる場所で長時間過ごすだけで体調はかなり悪くなるようです。

吉本の本社に、8人の幽霊が住んでいる部屋があるんですが、そこで働いている人たちは、いつも具合が悪そうですから……。

まあ、幽霊以上に仕事がキツいだけかもしれませんけど（笑）。

モテる人には生き霊がたくさんついています

世の中には、モテる人とモテない人がいます。

実は僕、その人を見ただけで、モテるのかモテないのかわかっちゃうんです。何人かをいっせいに見て「モテ度ランキング」を付けることもできますよ。

方法はとても簡単で、その人についている生き霊の数を数えるだけ。

人って、誰かに強い好意を持っていると、その相手に生き霊を飛ばしちゃうんです。だから、生き霊がたくさんくっついている人ほどモテるというわけ。

死んだ人の幽霊や悪意の生き霊がついていると体に悪影響がありますが、好意的な生き霊であれば心配無用です。

この話をすると必ず「どんな人がついてますか?」と聞かれるんですけど、残念ながら僕には生き霊の顔が識別できません。

生き霊を飛ばしている人がすぐ近くにいれば、なんとなく誰かわかるんですけどね。

あと、死んでいる人の幽霊なら、はっきりと顔も見えます。

ただ、顔はわからなくても、性別を区別することはできるので、人の恋愛事情が僕にはまるわかりなんです（笑）。

以前、吉本の養成所を卒業したばかりの男のコと会う機会があったんですが、周りにいる生き霊の数が半端じゃなくて。

かなりモテるコだなって思ったんですが、さらに驚いたのが、女性も男性も同じくらいの数がついていたこと。

たまに、友情の念が強すぎてついてしまうこともあるんですが、彼の周りにいるのはあきらかに恋愛のそれでした。

さりげなく相方のコに聞いてみたら、その彼はバイセクシュアルだそうです。

かなり精度が高い僕のモテ度診断。霊能力のポップな使いみちのひとつです。

クリスマスイルミネーションを霊のいる場所にとりつけると

クリスマスイルミネーションにまつわる心霊話をひとつ。

くわしい場所は言えませんが、都内のとある住宅街に、細長い形をした公園があります。

実はそこ、タクシー運転手さんの間でかなり有名な心霊スポット。深夜には絶対に近付かないほうがいいと言われているような場所なんです。

ある年の冬。どこからかうわさを聞きつけてきた先輩芸人に誘われて、夜中にその公園を訪れることになりました。

実際に足を踏み入れてみると、めちゃくちゃ〝嫌な感じ〟がするんですよ……。1秒たりともこの場にいたくないと感じるくらい。

そして「ここ、マジでヤバいです！」と先輩のほうを振り向いたとき、〝嫌な感じ〟の元凶を見つけてしまいました。

そこにいたのは、小学生くらいの男のコ。ものすごく力の強い霊で、先輩の首に手をかけて、絞め殺そうとしていたんです。

すぐに先輩の手を引いて、猛ダッシュで逃げました。なんとか事なきを得ましたが、公園を出るまでの間ずっと、先輩には首を絞められている感覚があったそうです。

そのときはとにかく必死だったんですが、あの男のコはきっとひとりで寂しかったんだろうなと思うと、ちょっと悲しい気持ちになります。


ただ、この話には続きがあって……。

何年か経ったころ、その公園でクリスマスイルミネーションが始まったんです。

夜中まで人が集まっていると聞いてすぐに様子を見に行ったんですが、あの男のコ、誰かに取りつくどころか、人が増えすぎてオロオロしていました（笑）。

でも〝嫌な感じ〟もなくなっていたので、きっともう寂しくなくなったんじゃないかと思います。

ヤバめの心霊相談に僕がしたアドバイス

幽霊が見えることを公表していると、たくさんの人たちから心霊相談を持ちかけられます。

ほとんどの場合、気のせいだったり、とくに悪いものではなかったりするのですが、一度だけ「これはヤバいかも……」と感じたことがありました。

それは、知人に紹介された女のコからの、ＬＩＮＥを通しての相談。

なんでも、半年ほど前に彼氏が亡くなってしまってから、自分も両親もそろって大病を患うなど、不幸が続いているとのこと。

文面を見ただけですごく〝嫌な感じ〟がしたので、霊視のために写真を送ってもらうことにしました。

そして、送られてきた写真を霊視しようとしたところ、どうしても〝真っ黒〟にしか見えないんです。

普通に見れば、彼女の後ろ姿が写っているのがわかります。でも、ひとたび霊視しようとすると、そこにはただ一面の黒い闇が広がっているだけ。「これは、かなりマズい」と感じ、直接会うことを提案しました。

そして、当日現れた彼女を見て、亡くなった彼氏の幽霊が一緒に連れて行こうとしているのがすぐにわかりました。でも悪気があるわけではなくて、彼女を思う気持ちが強すぎるあまり、無意識にそうなってしまっているようでした。

そこで、彼氏のこととは言わずに「〝悪いもの〟を落とすために、自分が元気になれるルーティンを作って、それを毎日実行してください」とアドバイスしたんです。「そんな簡単な方法でいいの？」と思うかもしれませんが、これがけっこう効くんですよ。

そして3カ月後。彼女がご両親と一緒にライブを見に来てくれて、病気が治ったことを報告してくれました。

あのときは本当にほっとしましたね。

幽霊がぜんぜん見えなくなりました

実は以前、幽霊がまったく見えなくなってしまったことがあります。

とあるバラエティ番組のオーディションに参加したときのこと。

もちろんメインはネタ見せなんですが、霊が見えるって話をすると、やっぱり霊視してくれってことになりますよね。

それで、プロデューサーさんを霊視しようとしたんですが、ぜんぜん何にも見えなかったんです。

そのときはかなり焦ったものの、せっかくのチャンスを棒に振るわけにはいきません。しかたなく〝それっぽい〟ことを言って、その場を切り抜けることにしました。

(あのときのプロデューサーさん、ごめんなさい!)

なんとかオーディションは乗り切りましたが、その後いくら周りを見回しても、霊らしきものが見えません。このときはまだ、霊感の〝スイッチ〟を訓練する前だったので、常に幽霊の1人や2人、見えていないとおかしいんですが……。

それでふと、「そういえば最近、幽霊見えてなかったかも」と気付きました。どうやら、いつの間にか霊感が失われてしまっていたみたいです。

原因を探るため、ここ最近のできごとを一つずつ思い出していくと、プライベートである〝変化〟が起こったころから、幽霊が見えなくなっているような気がしました。

実はその〝変化〟って、〝恋〟なんです……。

僕はそのころ、仕事で出会った女性に、本気で恋をしていて。自分でも、そんな原因で不調になるなんて、なんて〝乙女チック〟な能力なんだ……とは思ったんですが、それしか思い当たる節がなかったんです。

はたして、僕は霊感を取り戻すことができたのか……。その結末は次のページでお話しします。

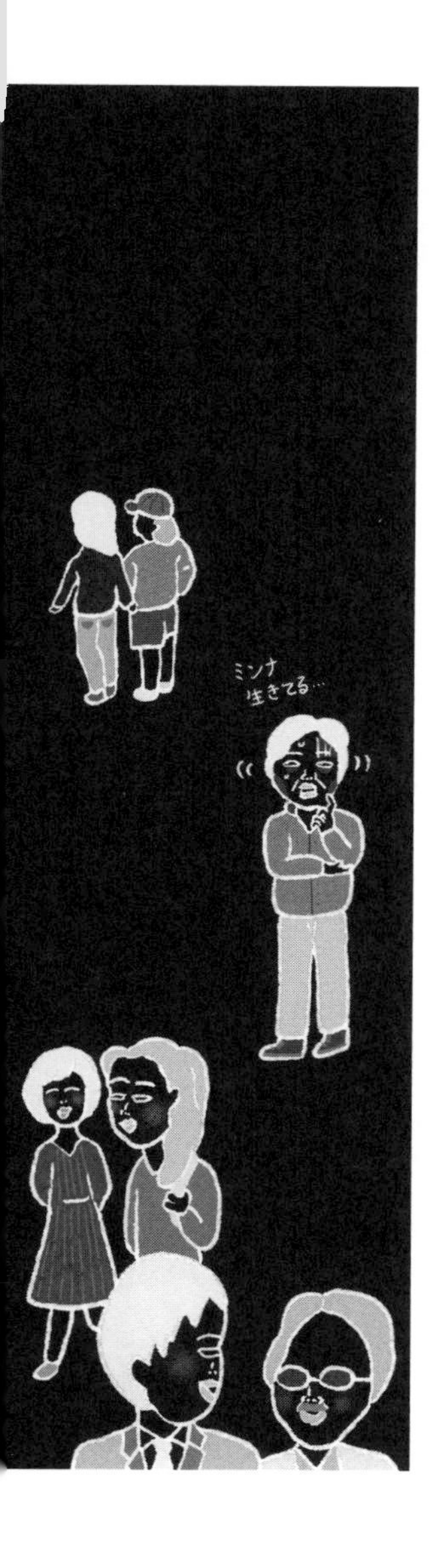

続・幽霊がぜんぜん見えなくなりました

恋をしたせいで、霊感を失ってしまった僕。

誰かに相談したいと思っていたとき、ちょうど先輩芸人のサルゴリラのお2人が食事に誘ってくれました。

ちなみにボケの赤羽さんには、腰のあたりにおばさんの生き霊が巻き付くようについています。たぶん〝性的〟に狙っているファンの人だと思うんですけど。

ただ、そのおばさんも、やっぱり見えなくなっていました。

お2人は、親身に相談に乗ってくれて。霊感を取り戻すためにも、「とにかく1回告白してこい！」というアドバイスをいただきました。

そのころ好きな人とは、グループデートのようなことをしたり、頻繁に連絡を取り合ったりしていたので、距離が近づいているような実感もありました。

だから、「もしかしたら」という期待もこめて、さっそく彼女を呼び出すことに。

そして、めちゃくちゃ緊張しながら「好きです。よかったら付き合ってください！」と、あまりにもベタすぎる告白をしました。

そんな告白に対する彼女の答えは、「ごめんなさい」。

仕事が忙しくて、今は誰とも付き合う気がないということでした。しかたのないことはいえ、僕はかなりショックで。すっかり落ち込んでしまいました。

傷心のまま、サルゴリラのお2人のもとへ帰ると、赤羽さんについているおばさんが、また見えるようになっていました。

なんなら、前よりくっきりと見えていました。

失恋した直後、なぜか僕の霊能力は最高潮に達したみたいで。いつも以上に〝ギンギン〟に、幽霊の姿が見えていましたね。

あなたも生き霊を飛ばしているかもしれません

誰かをものすごく好きになったり、逆に強い恨みを持ったりすると、相手に自分の生き霊を飛ばしてしまうことがあります。

僕が霊視をするときは、「自分に生き霊がついているか見てほしい」という相談も多いのですが、同じくらい「自分は誰かに生き霊を飛ばしていないか」と聞いてくる人もいます。

残念ながら、その人が生き霊を飛ばしているかどうか、僕には判断することができません。

知っている人の生き霊はなんとなく認識できるので、誰かについているのを見たときに「あの人はこの人のことが好きなのか〜」ってわかったりはします。

とはいえ、顔が見えるわけじゃないので、〝勘〟でしかないんですけどね。

ただ僕の〝霊感仲間〟のなかには、生き霊の顔もはっきり見えるという人がいます。

その人は、熱狂的なアイドルオタク。長年ひとりの女のコを応援し続けていて、ライブや握手会には何度も足を運んでいます。

それがある日のライブ中、なんとも不思議な体験をしたそうです。

舞台上の推しメンをずっと目で追っていたところ、彼女の後ろに誰かの生き霊がついていることに気付きました。

ただ、歌ったり踊ったり、なかなかハードなパフォーマンスをするグループなので、生き霊も一緒に動き回って、顔がよくわからなかったんです。

その後、ライブ中盤のMCタイムに突入したとき、彼は思わず声を上げてしまったといいます。

推しメンについていたのは、なんと自分の生き霊だったんです！

そんなふうに自分の生き霊と対面したら、さすがにびっくりしますよね（笑）。

生き霊は無意識のうちに飛んでしまうものなので、みなさんの生き霊もすでに誰かについているかもしれません。

僕、この間、1回死んじゃいました(笑)

走りたいのにどうしてもうまく走れない夢を見ました。

自分の体が自分のものじゃないような感じで。もどかしい思いをしていたら、急に小学生くらいの女のコが現れて「こっちだよ」と手を引っ張ってくれました。

その瞬間、パッと目が覚めたかと思うと、僕は病院のベッドの上に寝ていました。

しかも枕元には、泣きはらした顔の親父とおふくろが。


あとから聞いた話によると、僕の心臓は1度鼓動を止めてしまったんだそうです。

なんでも、部屋で倒れていた僕を親父が偶然発見して、すぐに救急車を呼んだんだとか。

幸いにも、心停止していたのはほんの短い時間だったので、脳にダメージが残ることはありませんでした。

ただ、その日は念のため入院することに。

夜、両親が帰って病室から誰もいなくなると、僕は目を閉じました。すると、フッと誰かが部屋に入ってきたような気配がしたんです。

親父かおふくろが戻ってきたのかなと思って目を開けると、そこには夢の中で僕の手を引いてくれた女のコが立っていました。

そのコと目が合うと「もう1回走る？」って、ニコニコしながら聞いてきたんです。僕は、とにかくびっくりしたので、思わず「いい！」って断っちゃって……。そうしたらそのコ、しょんぼりした感じでフッと消えてしまいました。

あのコは僕を助けてくれたのか、それとも一緒に連れて行こうとしたのか。一体、どっちなんですかね……？

霊体の色で人間関係がまるわかりです

僕には、直接対面している人の霊体が見えます。その色は、基本的に半透明なんですが、たまに白くなったり黒くなったりすることがあります。

この色の変化は、基本的にその人の〝好き嫌い〟を表していて、好きな人やものに近付くと白っぽく、嫌いな人やものに近付くと黒っぽくなります。

そして、近付いても霊体の色が半透明のまま変わらなければ、相手に対してまったく関心がないってことです。

だから僕には人間関係がお見通し。誰が誰を好きで誰を嫌いか、手に取るようにわかります。

「あの2人、表面上はうまくやってるけど、ほんとはケンカ中だな」とか、「周りは仲が悪いって思ってても、本人たちは認め合ってるな」とか。

ちなみに、僕がＳＮＳに投稿している「生き霊チェックシート」では、意味が伝わりやすいようにカラフルな色分けをしていますが、実際は白と黒でしか見えません。

僕は「お笑いはチームプレーだ」と思っているので、仲間の関係をさりげなく取り持つこともあります。

あんまり〝根深くない〟感じだったら、嫌い合ってる同士をあえて近付けてみたりとか。そうすると、はじめはお互い黒くなってたのが、いつの間にか白く変わってたりするんですよ。

芸人になってからは、こんなふうに有効活用できているこの能力ですが、学生のころにはちょっとつらい思い出もあって……。

友達だと思っていた相手の霊体が、僕に近付くにつれてだんだん黒くなっていったときには、さすがにすごいショックでした。

最近はもう慣れちゃいましたけど、自分に対する霊体の色の変化は、あんまり見たくないものです。

有名な心霊トンネルにドライブに行ったら

心霊スポットをめぐるロケに参加したことがあるんですが、事前にスタッフさんが送ってくれた目的地は、どこも行ったことがない場所ばかり。

そこで下見もかねて、ドライブしに行くことにしたんです。

はじめに向かったのは、千葉県にある廃ホテル。有名な心霊スポットということで、どんな霊がいるのかわくわくしていたんですが、僕にはまったく何も感じられませんでした……。

一応、ぐるっと一周してみたものの、結局何も起こらずじまい。

ただ、その道のりで無人販売の八百屋さんを発見して。今どきめずらしいから、写真でも撮ろうかとスマホを構えたんです。

そうしたら、下からぬうっとおじいさんが現れて、「買わないなら撮るな！」と怒られちゃいました……。

しかも、大根まで買わされました（笑）。

次に向かったのは、山の中腹にあるトンネル。田舎の山道だからか、昼間だというのにまったく人の気配がありませんでした。

車がトンネルに差し掛かったところで速度を落として、ゆっくり進んでいったんですが、とくに何も起こらないまま、反対側の道路へ抜けてしまって。

そこですぐにUターンして、もと来た道を戻ってみましたが、やっぱり何も起こりません。

後部座席からも「結局、何もなかったね」と言われてしまいました。

まあ僕、1人で車に乗ってたはずなんですけどね。

若い女性の声だったので、ドライブデートができてラッキーでした!

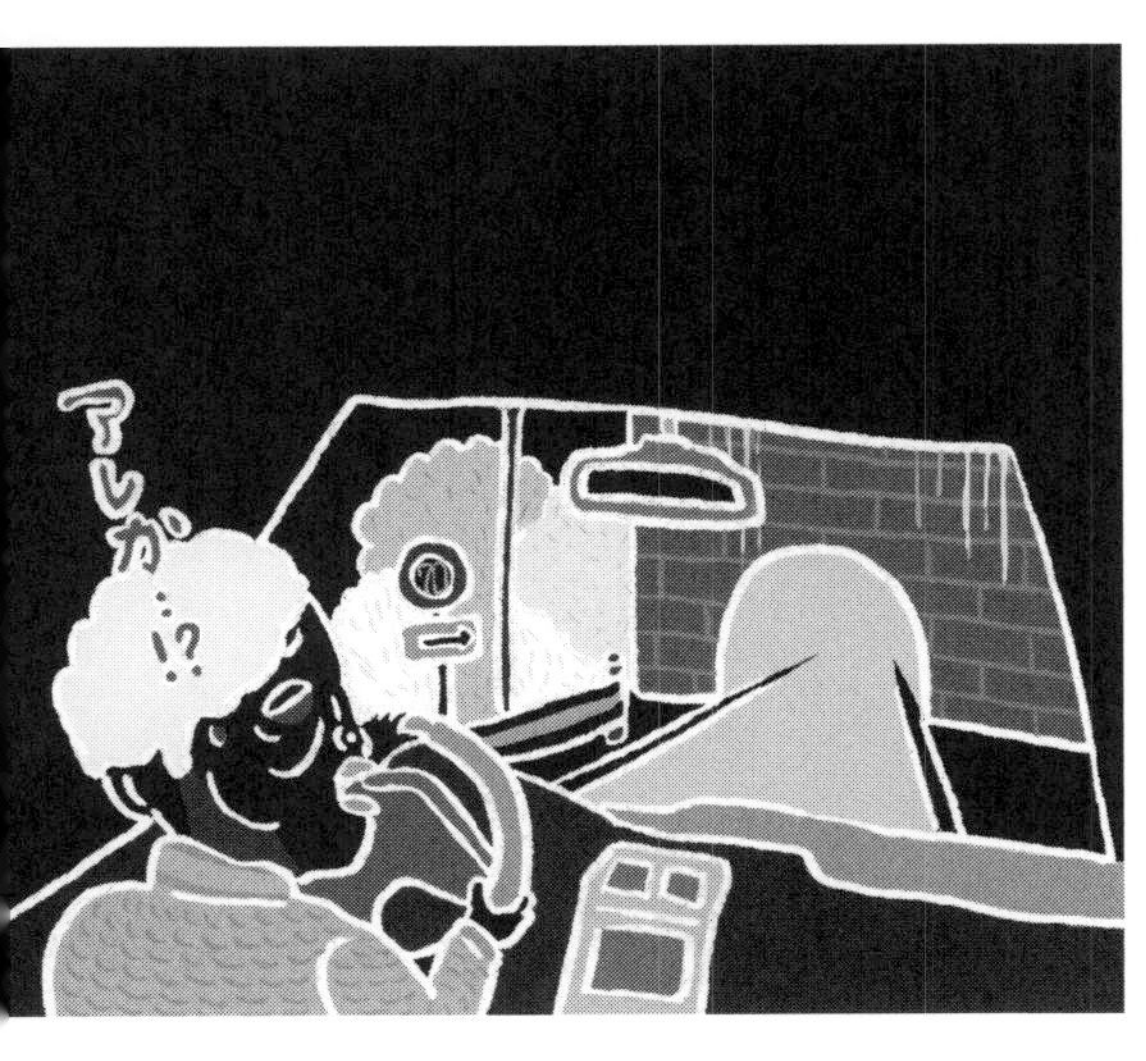

親父の霊感を目覚めさせた32歳のときの体験

僕より断然強い霊感を持つうちの親父ですが、その能力が目覚めたのは32歳のときで、意外と〝遅咲き〟だったといいます。

きっかけになったのは、昔おふくろと一緒に住んでいた激安物件での恐怖体験。引っ越し初日の夜、部屋で寝ていた親父は、外の廊下から聞こえてくる「ガチャッ」という音で目を覚ましました。

そのときアパートには親父とおふくろしか住人がいなかったので、不審者でも入ってきたんじゃないかと思ったそうです。

そこで、耳をすまして外の様子をうかがっていると、ドアを開ける音がするたびに「彼の家じゃない……」という女の人の声も聞こえてきます。

しかも、その女の人は徐々にこちらへ近付いてきているようでした。

そして、ついに親父たちの部屋のドアが「ガチャッ」と開くと、そこには〝しっかり〟女の人が立っていたそうです。

半透明とかぼんやりした感じじゃなくて、〝しっかり〟です。

それで「やっぱり、不審者か」と思った親父は、恐る恐る「出ていってもらえませんか？」と声をかけました。

でも、まったく反応がありません。

どうしたらいいかと焦っていると、その女の人が親父のほうに向かってどんどん近付いてきたんです。

何が何だかわからず、身動きが取れなくなってしまった親父。

ついに「ぶつかる！」と思った瞬間、その人は親父の体をふっとすり抜けて消えてしまいました。

親父は、その体験がきっかけで、霊が見えるようになってしまったそうです。

やっぱり、幽霊が体の中を通ったのが原因なんですかね？

神棚の飾り方、間違っていませんか？

日本の劇場の舞台裏には、神棚が飾られていることがほとんどです。

もちろん、吉本の劇場にもありますよ。


でも神棚って、ただ飾ればいいってものじゃなくて。

重要なのは、その〝向き〟なんです。正しい方向を向いていなければ、まったく意味がありません。

神棚がきちんと正しい方向を向いていれば、僕には光を放っているように見えます。

しかも近くにいるだけで、とてもさわやかな気持ちになれるんです。

一方、間違った方向を向いている神棚は、もはや〝無〟。冷蔵庫とか電子レンジとかと変わらない、ただの〝物〟にしか見えません。


実は、ある劇場の神棚の向きを変えてもらったことがあります。

「この向きじゃないいんだよな～」と思いながら、しばらくは何もせずに放っておいたんですが、「この劇場が潰れちゃったら仕事がなくなって困る！」と思い直して、舞台監督さんに相談しにいったんです。

するると、その人にも少し霊感があったみたいで「俺も、なんとなく向きが違う気がしてたんだよね」と。

そして、いろいろと調べながら、なんとか2人で正しい方向に神棚を付け替えることができました。

すると、その場の雰囲気がガラッと変わって。清々しい空気まで感じるようになったんです。

ちなみに、神棚の向きが違うからといって、悪いことが起こるわけではありません。ただ、ぜんぜん意味がないものになっちゃうので、飾るときはどの方向に向けるか、気を付けてみてください。

吉本の劇場に住みつく〝ひょっこり〟系幽霊

幽霊も生きている人と同じように、楽しいところに集まるものなので、僕が出演している吉本の劇場にも、けっこうな数の幽霊がいます。

実際、風もないのに小道具が勝手に落ちたり、誰もいない舞台の上を歩き回る音が聞こえたりするのは、もはや日常茶飯事です。

僕もよく、姿を見かけたり、すれ違ったりすることもありますしね。


劇場にいる多くの幽霊のなかで、僕がとくに注目しているのが渋谷のヨシモト∞(むげんだい)ホールに住みついている女性の霊です。


ライブのエンディングトークでは、ずっと客席のほうを向いているんですが、そうすると、舞台に当てられている照明が目に入るんですね。

すると、その天井の照明と照明の間から、〝ひょこっ〟と女の人が顔を出すんです。

しかも僕が出演しているときは、ほぼ毎回。

はじめは「照明さんかな？」と思ったんですけど、明らかに人間にできる姿勢じゃないんですよね……。

完全に逆さま向いちゃってますから（笑）。

見えているのが僕だけなら確実に幽霊なんですけど、ほかの出演者にはなんとなく聞けてなくて……。

だって、怖がらせてしまったら申し訳ないし。

もしヨシモト∞ホールに来ることがあったら、この〝ひょっこり〟系幽霊を探してみてください！

霊界からのいたずらメールを受信しました

先輩の家に集まって、芸人仲間たちと鍋パーティをしたときのこと。

僕は料理がまったくできないので、準備はほかの人に任せて、片付けのほうを買って出ることにしました。

食後に鍋や食器をシンクへ運び、洗い物をしようとお湯を出したんですが、いくら待っても冷たい水のまま。

給湯器が壊れたのかと思って、すぐに家主の先輩を呼びました。

先輩が「マジかよ〜」なんて言いながらレバーを傾けると、すぐに湯気が上がるほどのお湯が出たんです。

めちゃくちゃびっくりしたものの、先輩には「すみません、勘違いでした……」と謝るしかありません。

でも、先輩がリビングに戻っていったあと、またお湯を出してみても、やっぱりずっと水のままです。

だから今度は、水を出しっぱなしにしておいて、先輩を呼んで確かめてもらうことに。でもなぜか、先輩が手を差し出したとたんに水の温度が上昇するんです。

一方、僕が手を出すとお湯は冷水に逆戻り。結局、先輩には信じてもらえなかったので、しかたなく冷たい水で洗い物を済ませました。

そして僕もリビングに戻ると、携帯に1件のメールが届いていました。

ただの迷惑メールだったんですが、なぜだか内容が気になって。つい下までスクロールしちゃったんです。

すると、最後に「冷たかった？」という一文が。


たぶん、一連のできごとは幽霊のしわざだったんだと思います。

それにしても、迷惑メールでネタばらしって、なかなか斬新ですよね（笑）。

僕が絶対、コックリさんに参加しない理由

中学生のころ、クラスメートが「コックリさん」をやっている現場に出くわしたことがあります。

放課後、忘れ物に気付いて教室に戻ると、３人の女子が騒いでいて。

彼女たちはコックリさんを呼び出すことに成功したらしく、10円玉が勝手に動くことに、テンションが上がっていたみたいです。

ただ、その光景を見た僕は思わずギョッとしてしまいました。

１人の女子のうしろに、青白い顔をした男のコがぼーっと立っていたんです。

これまでいろんな幽霊を見てきましたが、あそこまでホラー映画みたいに不気味な見た目をしていたのは、後にも先にもあの霊だけです。

その男のコは、女子の肩の上に手を置いていたので、たぶん10円玉を動かしていたのは彼なんじゃないかと思います。

やめさせたほうがいいかなと思ったんですが、中断させるのも危ない気がして。

「ちゃんと終わらせないとダメだよ」と声をかけて教室を出ました。

そのあと、しばらくは何事もなかったんですが、コックリさんを目撃した日から1カ月ほど経ったころ。

あの男のコに肩を触られていた女子が、急に転校してしまったんです。

何年か経ってからSNSを通して知ったのですが、精神を病んで地方の病院に入院していたんだとか。

その話を聞いたとき、あの不気味な青白い顔を思い出してしまって……。

さすがの僕も、ゾッとしました。

コックリさんなんて、ただの遊びだと思っている人がいるかもしれませんが、僕は絶対に参加しません。

初めて霊視を邪魔されてしまいました

これまで、たくさんの人たちの生き霊チェックをしてきた僕ですが、いまだに新しい発見をすることがあります。

テレビ番組の収録でアイドルの女のコたちと共演したときのこと。

収録後、彼女たちが楽屋まで「霊視してください！」と頼みに来てくれました。

そこにはマネージャーさんも一緒にいたので、「これは、下手なことは言えないぞ」なんて思いながら霊視を始めました。

でも、いくら一生懸命見ようとしても、まったく何も見えなかったんです。

普通、アイドルにはファンの生き霊がたくさんついているものなので、また霊感がなくなってしまったんじゃないかと、かなり焦りました。

ちょうどそのとき、マネージャーさんの携帯に電話がかかってきて。「ちょっと失礼します」と、楽屋の外に出ていきました。

すると、アイドルのコたちのうしろに、大量のファンの生き霊がぶわっと一気に現れたんです！

こんな経験は初めてだったんですが、たぶん彼女たちのことを探らせまいとするマネージャーさんの思いが、かなり強かったせいじゃないかと思います。

大切に思うあまりのことなんでしょうけど、そんなに警戒されてたなんて、ちょっと複雑な気持ちです（笑）。

もしかしたら、そのマネージャーさんにも霊感があるのかもしれません。

霊視を邪魔されたのは初めてだったので、とても印象的な経験でした。

入院した親父が看護師さんから怖がられている

うちの親父、しばらく入院していた時期がありまして。

よくお見舞いに行ってたんですけど、そのたびになぜか看護師さんたちに〝変な目〟で見られてたんですよね。

ある日いつものようにお見舞いに行くと、担当の先生から「ちょっとお話が……」と声をかけられました。

「命に関わることだったらどうしよう……」と不安な気持ちで話を聞くと、「お父さんには、認知症の兆候があるかもしれません」とのこと。

親父は毎朝、病院の庭を散歩しているらしいんですが、誰もいないところにまで「おはようございます！」と挨拶をしてまわっているとか。

それが病院内でもうわさになっていて、看護師さんたちからは気味悪がられていたみたいです。

まさかとは思いつつ、やっぱりどうしても心配で。

次の日の朝、様子を見に行くことにしました。

親父はたしかに1人で庭を歩き回っていて。しばらく見ていると、急にふっと立ち止まり、「おはようございます！」と挨拶をしたんです。

親父が見ているほうには、先生が言っていたように〝生きている〟人は誰もいませんでした。

でもそこにはちゃんと、幽霊が立っていたんです。

そのとき「認知症じゃなくて、ただの幽霊か……」と、めちゃくちゃ安心しました。

ほんと、幽霊でよかった……！

ちょっぴりつらい
大切な家族との2度目の別れ

自宅の火事に巻き込まれて亡くなってしまった愛犬ラガー。

その後、幽霊犬となって戻ってきたラガーは、また僕たち家族と一緒に暮らし始めました。

しばらくは、僕も親父もよく話しかけていたし、おふくろも1度姿を見かけたあと、なんとなく存在を感じられるようになったみたいで。

以前と変わらない、3人と1匹の家族として生活していました。

ただ、時間が経つにつれ、少しずつラガーがいることが当たり前になっていって。気配を感じたときに姿を探すことすらしなくなっていました。

そんなとき、ふと「最近、ラガー見てないな」と気付いたんです。

家中あちこち探し回ったんですが、姿が見えないどころか気配もまったく感じられなくて……。

ついに、消えてしまったんだなと感じました。

そういえば、ラガーの霊を見ようとするより、飾ってある生前の写真に話しかける機会のほうが増えていた気もして。

もしかしたら、自分がすでに死んでいることを、悟ってしまったんじゃないかと思います。

それがラガーにとっていいことだったのか、それともやっぱり寂しいことだったのかはわかりませんが、僕はもう少しそばにいてほしかったです……。

しかもちょうど同じ時期に、亡くなってからずっとおふくろのうしろについていた、おふくろのお兄さん、つまり僕のおじさんの幽霊も消えてしまって。

家族との2度目のお別れが続いたことで、ちょっとセンチメンタルな気分になってしまいました。

蛭子能収さんの場合

（いろんなものが薄〜くついている方です）

薄い人気

薄い怨み

かすかに残る性欲

蛭子さんについている生き霊って、数はめちゃくちゃ多いのにすごく薄いんですよ。しかも、好いている人も嫌っている人も同じくらいの割合でついていて。たくさんの人から「なんとなく好き」とか「なんとなく嫌い」って思われることが、芸能界で長く生き残る秘訣なんですかね。

ちなみに、過去に〝関係〟があったであろう女性の生き霊が、ひっそりとそばについていました。

PART3

たまにマジで怖いこともある！

僕でさえ〝怖い〟と思った心霊体験

これは僕が関西のほうに遊びに行ったときの話。

とあるビルの前を通りがかったとき、そばに駐めてある車のボンネットが、いきなり「ドーン」とすさまじい音を立てました。

びっくりして振り返ったんですけど、とくに変わったことは起きていなくて。

ただ、ものすごく〝嫌な感じ〟がしてきたので、これは心霊現象だと確信しました。

しかも、ふだんから霊には慣れっこの僕でさえ「怖すぎる」と感じるほど。

取り返しのつかないことが起きる前に、すぐにその場をあとにしました。


それからしばらくして、こんな話を聞きました。

あるビルで昔、大きな火事が起こって。巻き込まれた人たちが大勢亡くなってしまったとか。

そのなかには、火事による焼死や、一酸化炭素中毒による窒息死だけでなく、なぜか〝転落死〟した人も多かったそうです。

実は当時、火元になった上のほうの階からは、熱さに耐えかねた人たちが次々と窓を突き破って飛び降りてきたといいます。

でも、ビルから落ちて無事でいられるわけもなく、ほとんどの人が転落死してしまったというわけです。

そしてこのビルこそ、冒頭で僕が通りがかったビルだったんです。

その話を聞いて気付いたんですが、僕が聞いたあの「ドーン」って音、上から誰かが飛び降りてきた音じゃないですかね

……？

実は、芸人仲間にそのビルに入っているお店でバイトしていた人がいるんですけど、従業員トイレにお札がびっちり貼ってあるって言ってました。

先輩から送られてきた心霊写真の真実

吉本の先輩芸人からいきなり、「すぐに霊視してくれ！」と、3枚の写真が送られてきました。

そのとき先輩は、ファンの方々と行くバスツアーイベントの真っ最中。

でも、道中に撮った写真がかなり不気味で、いち早く僕に見てもらいたくなったんだとか。

切羽詰まった様子だったので、急いで確認してみると、腕が3本になっていたり、顔がグチャグチャに崩れていたり、首から上が写っていなかったり……。

先輩の部分だけ、すごく気味の悪い写り方をしていたんです。

僕はすぐに「これは生き霊のしわざだ」と確信しました。

というのも、僕の経験上、幽霊は写真に偶然写り込むことはあっても、生きている人の写り方にまで干渉することはできないから。

可能性があるのは、先輩についている生き霊が写り込んでしまったか、思いが強すぎるあまり、写真にまで影響を及ぼしてしまったか。

しかも、ここまでわかりやすく表れているのは、生き霊の主が近くにいる証拠です。

僕は、すぐ先輩に電話して「バスツアーの参加者の中に、生き霊を飛ばしている人がいるかもしれません」と伝えました。

それを聞いた先輩は、冗談っぽく「まさか、俺に生き霊飛ばしている人いる～？」と切り出してみたとか。

すると、ほとんどの人が「何それ～」と笑っているなか、１人だけバスのカーテンで〝シャッ〟と顔を隠した女性がいたそうです……。

幽霊と自転車で2人乗りした親父

親父は、霊能力が目覚めたばかりのころ、ある恐ろしい体験をしたといいます。

当時、坂の上にある友達の家によく通っていたという親父。

ただ、その坂が左右を墓地に囲まれていたので、いつも遠回りをして坂を通らなくていい道のりを選んでいたそうです。

でもあるとき、道路工事の影響で周りの道がすべて通行止めになってしまい、その坂を通るしかなくなってしまったとか。

しかたなく、坂へと自転車を走らせた親父。

すると、次から次へと幽霊に声をかけられて、まったく生きた心地がしなかったといいます。

しかも、やっと坂を上りきれるかというところで、後ろに女の人の幽霊が乗ってきて。恐怖が限界に達した親父は、近くにあった電柱に自転車を思い切りこすりつけて、なんとか幽霊を払い落とそうとしたんだとか。

まさか、幽霊を物理的にこすり落とせるわけもないので、その姿を想像してみるとちょっと笑えます（笑）。

でも、そのとき親父は無我夢中ですから、とにかく一生懸命、自転車をこすり続けたといいます。

すると気が付いたときには、幽霊は消えていたそうです。

それから何年か経って、偶然その坂の近くを通りかかった親父。

あの日のできごとを思い出して、「もう二度とあんな怖い思いはしたくないな」とつぶやくと……。

「まだいるよ」と後ろから女の人の声が聞こえたそうです。

僕が絶対に行きたくない激ヤバ心霊スポット

僕なんかに声をかけてもらえるだけでありがたいので、基本的にはどんな仕事でもお受けしたいと思っています。

ただ、１つだけ例外があって……。

とあるトンネルに行くロケだけは、絶対に断ってもらうようにしているんです。

そのトンネルは、心霊スポットとしてかなり〝ヤバい〟場所らしく、まったく霊感のない先輩まで「あそこにだけは二度と行きたくない」ともらすほど。

実際、ロケの最中に体調を崩している人も多くて。ひどい吐き気に襲われたり、高熱を出したりしているんです。

なかにはお医者さんに「腐った生肉でも食べない限り、こんなにひどいことにはならない！」と驚かれるような症状で入院した人までいます。

ふだんから幽霊につかれやすい僕がそんな場所へ行ってしまったら、一体どんな恐ろしいことが起こるのか……。

きっと、ただ具合が悪くなるだけではすまない気がします。そう思うと怖すぎて、絶対に近付きたくないんですよね。

しかも先輩たちの話によると、けっこうな額の治療費がかかったのに、いっさい労災が下りなかったらしいんですよ。

さすがにひどいと思ったんですけど、たしかに、呪いとか祟(たた)りとかの心霊現象は、病気の原因としては認められないですよね……。

多額の治療費を自腹で払わなきゃいけないなんて、考えただけでも恐ろしい……。

心霊スポットのロケは、あんまり〝ヤバくない〟ところだけでお願いします。

高い霊能力をもつ霊感仲間の衝撃発言

僕の〝霊感仲間〟の1人が入院してしまったので、お見舞いに行ってきました。

そのときちょうど、向かいのベッドにもお見舞いの人が来ていて。

入院していたのは30歳くらいの男の人だったんですけど、その奥さんらしき人でした。

目が合ったので軽く会釈をしたら、向こうもにこやかに返してくれて。

「感じのいい人だな」って思いました。

ただ、カーテンを閉じたあと、友達が小声でこんなことを言ってきたんです。

「あの男の人、あと3カ月と2日で死んじゃうんだよね」

なんて不謹慎なことを言うんだと、ちょっと怒りそうになったんですが、〝3カ月と2日〟って、細かすぎるところが引っかかって。

話を聞いてみると、友達には1年以内に死ぬ人の寿命が見えてしまうんだとか。

事故と自殺は例外らしいんですが、それ以外の場合は1日単位で死ぬ日がわかるんだそうです。

実際、突然死んでしまった親戚のおばさんの寿命も、1日の誤差もなくわかっていたといいます。

そんな能力があるなんて初めて知ったので、興味がわくじゃないですか。

だから「どういうふうに見えるの?」って聞いてみたんです。

でも、「言葉じゃ、うまく説明できないんだよ」と、詳しいことは教えてくれませんでした。

友達は、「自分も1年以内に死ぬってなったら、寿命がわかると思う」ってことだけ教えてくれました。

自分の死ぬ日がわかっちゃうなんて、僕ならちょっと嫌だな〜。

霊視できない相手に初めて出会いました

僕は、霊体の表情や色の変化、向いている方向などで、人の性格や本心を見抜くことができます。

でも、初めて霊視できない相手と出会っちゃったんです。

その女性は、学生時代の同級生の職場の友達で、僕のライブを見に来てくれたことで知り合いました。

話をするうちに「素敵なコだな」と興味がわいて。

悪いとは思いつつ勝手に霊視をしてみたら、なぜかぜんぜん霊体が見えなかったんです。

また霊感がなくなっちゃったのかと焦ったんですが、ほかの人の霊体はちゃんと見えてるんですよね。

それで、そのコのことをより注意深く霊視してみると、本体と霊体が〝ぴったり〟重なっていることに気付きました。

もちろん、人の本体と霊体は重なり合っているのが普通なんですが、ほとんどの場合、多少の〝ズレ〟があるんです。

本来は、その〝ズレ〟を見ることで、性格やら本心やらがわかるんですけど、彼女の場合はぜんぜん〝ズレ〟がないから、霊体すらうまく見えなかったわけです。

それってつまり、裏表がまったくない性格ってことなんですよね。

これまで、人の〝裏〟が見えてしまうことで嫌な思いをしてきた僕には、とても貴重な出会いでした。

しかもそのあと、めでたく彼女と付き合うことになったんです！

以前、恋が原因で消えてしまった霊感にも影響はなく、とても幸せな日々を過ごしています。

先輩についてきた控えめな女の人の正体は……

ライブの打ち上げ中、酔っ払った先輩がいきなりこんな話を始めました。

数年前まで地方に住んでいた先輩は、当時すでに家庭があったにもかかわらず、ある女性と浮気をしていました。

そして、仕事の関係で上京が決まったとき、「私も一緒についていく」とすがる愛人を振り切って、東京へとやってきたそうです。

その後は、ずっと連絡を絶っていたらしいんですが、なんと「その女が今日のライブに来てたんだよ」と言うんです。

聞いていた僕たちは「怖っ！」なんて盛り上がってたんですが、話はそれだけでは終わりませんでした……。

先輩が「ライブが終わってからも、ずっとついてきてるんだよ。今もそこに座ってる！」と、斜め後ろの席を指さしたんです。

みんないっせいに、先輩がさしたほうに目を向けたんですが、そこには誰もいません。まあ、〝生きている人は〟ですけど。

僕には、そこに座っている女の人の幽霊が見えました。

でも、周りの人はネタだと思ったみたいで、「そこにいる！」と叫び続ける先輩を見ながら爆笑していました。


霊感のない先輩にも見えたってことは、彼女の恨みはかなり強いんでしょうね。

もしかしたら、傷心のあまり自殺してしまったのかも……。

でも取りつくんじゃなく、うしろについていくなんて、なんだか控えめな幽霊だなって思いました。

最近気付いた、性欲と霊感の意外な関係

幽霊が見えるという話をすると、芸人仲間たちからよく「エロい幽霊っていないの？」と聞かれます。

たしかに女性の幽霊のなかには、かわいらしい雰囲気の人もいるにはいるんですよ。実際、僕の初恋の相手は、中学生のときに出くわした幽霊の女のコですしね。

でも「エロい」っていう感覚とは、ちょっと違うんですよね。

なんていうか、霊感を発揮してるときって、性欲がセーブされるような気がします。これは芸人仲間にもよく言ってるんですけど、エロい幽霊が現れてもぜんぜん興奮できないって、なんか〝見え損〟って感じです……。

それで思ったんですけど、〝性欲〟と〝霊感〟って、もしかしたら反比例の関係にあるんじゃないかなって。ざっくり言えば、〝生〟と〝死〟っていう対極にある概念ですし。

以前、好きな人ができたとき、幽霊がまったく見えなくなってしまったのも、その

せいなのかもしれません。ただ今の彼女とは、付き合いだしてからも霊感に影響はないんですよね。

たぶん、イチャイチャする感じじゃなくて、親友同士のような落ち着いた関係だからだと思います。

ちなみに、性欲以外で霊感が〝減退〟するのは、ライブでめちゃくちゃスベったとき。逆に、大ウケしたりすると、霊感が一気に高まる気がします。

これは、ただ単にメンタルの問題な気もしますが、失恋したときは霊感がギンギンになってたんですよね……。

自分のことなのに、イマイチ法則がよくわかりません（笑）。

先輩芸人の魚拓ならぬ〝霊拓〟を見ました

僕の先輩芸人に女性からの人気がものすごい人がいます。

身長180センチのイケメンなので、芸人というよりアイドル的な存在のようで。

モテるからしかたないのかもしれませんが、ちょっと女遊びが激しいんですよね。

いつも、恨みを持った女性の生き霊をたくさん引き連れて歩いています。

一度、本人にも伝えたんですが「マジかよ！」とゲラゲラ笑うだけで。

「あ、この人、ダメな人だ」と思いました（笑）。

それからしばらくお会いする機会がなくて。

久しぶりに見かけたときには、さらに恨みの生き霊の数が増えていました。

そのうえ、先輩の霊体自体が真っ黒になっていたんです……！

僕も初めて見る現象だったので、めちゃくちゃびっくりしちゃって。思わず「墨塗ったみたいに真っ黒ですよ！」と叫んでしまいました。

それを聞いた先輩は、「マジかよ！」とゲラゲラ笑うだけでしたけど……。

本人の感情によって霊体の色が変わることはありますが、あれはたぶん、うしろについている生き霊のせいなんじゃないかと。たぶん、女性たちの恨みの念が強すぎて、霊体にも影響が出ちゃったんだと思います。

今のところ、同じ現象に出くわしたことがないので、僕の推測でしかないんですけど……。

それともうひとつ驚いたことがあって。

その先輩が歩いているとき、たまたま壁にぶつかったんです。

そうしたら、霊体の黒い色が一瞬壁に移って、魚拓ならぬ〝霊拓〟がくっきり残っていました（笑）。

人気YouTuberの生き霊のつき方

ＹｏｕＴｕｂｅｒの方とお会いする機会が増えたんですが、人気のある人たちには生き霊のつき方に共通点がありました。

それは、くっついている生き霊の姿が、すべてぼんやりしていること。

好意的な生き霊だとは思うんですが、それが男性なのか女性なのか、何歳くらいの人なのか、そういう具体的なことがまったくわからないんです。

実は、こういう生き霊のつき方はかなり特殊。

同じ人気者でも、若手俳優さんやアイドルの方には、熱狂的なファンの生き霊がべったりくっついています。

一方でアンチも多いのか、その人を嫌っている生き霊も、同じくらいの熱量でくっついてるんです。

好意でも悪意でもとにかく思い入れが強いので、それがどんな人の生き霊なのか、僕にはなんとなくわかるんですよ。

たぶん、こういう極端なのを〝スター性〟って言うんでしょうね。

執着されたり恨まれたりで、本人は大変そうですけど……。


それと比較すると、ＹｏｕＴｕｂｅｒの方たちの生き霊のつき方って、同じくらい人気があるわりに、けっこう淡泊なんですよね。

これは僕の勝手な推測ですが、ＹｏｕＴｕｂｅで人気のある動画って何かを試したり、紹介したりする内容のものが多いじゃないですか。

だから一部の人から熱狂的に好かれるより、誰にも嫌われないタイプの人のほうが成功しやすいんじゃないかと思います。

家族が同時に故人のことを思い出したら

大切な家族や友達を亡くした人が集まったとき、みんながいっせいにその人のことを思い出す瞬間ってありませんか？

そういうときって、実はその人の幽霊がそばにいるみたいです。

僕も家族で団らん中に、急に死んだばあちゃんのことを思い出したときがあって。

そうしたらおふくろも「今、急におばあちゃんのこと思い出した」と。

それで周りを見回してみたら、ちょっと離れたところにばあちゃんの幽霊が座ってたんですよね。

たぶん「せっかくここまで来たんだから、なんとか思い出してもらおう」と、〝念〟みたいなものを送ってきてたんだと思います。

きっとそれは、うちのばあちゃんだけじゃなくて、ほかの幽霊も同じはず。

だから、同時に故人のことを思い出す瞬間があったら、ぜひ生前の思い出話をしてあげてください。

かけてもらった言葉とか、楽しかった思い出とか、どんなささいなことでも構わないので。


ただ正直なところ、幽霊に感情があるとは僕にも言い切れません。

なんとなく伝わってはくるんですけど、僕は幽霊と会話ができるわけじゃないので、本当のところはわからないんです。

でも、亡くなってしまったからこそ、生きていたころの思い出はすごく大切なものになっているはず。

だから、思い出話に花を咲かせることが、一番の供養になると思います。

きっと生前の記憶を思い出して、幸せな気持ちになってくれるんじゃないかな。

駅の改札でよく見かける心霊現象

幽霊が集まりやすいのは、遊園地やお笑いの劇場など、とにかく楽しいところです。どうせ死んじゃってるなら、いい思い出がある場所で過ごしたいですもんね。

でもなぜか、普通の駅にもけっこうな数の幽霊がいます。

彼らは、自分が死んでいることに気付いていないのか、それとも生前の習慣が染み付いてしまっているのか、電車に乗って通勤しようとしているみたいです。

なかには、生きている人にまぎれて改札を通過していく幽霊もいます。

カードをしっかりタッチしたはずなのに、なぜか改札機が閉まって〝通せんぼ〟された経験、ありませんか？

そういうときはたいてい、幽霊が代わりに通過しちゃってます。

たぶん改札機が、幽霊のことも生きている人と同じように認識してるんでしょうね。やっぱり、幽霊って〝電気系〟には影響しやすいみたいです（笑）。

そんな幽霊たちは律儀というかなんというか、改札を通るたびにＩＣカードをタッッチする動作をして行きます。

もちろん、手には何も持ってませんけど。

しかも、タッチじゃなくて切符を入れる動作をしている幽霊も見たことがあって。ＩＣカードが普及してもう何年も経つのに、あの切符世代の幽霊はどれだけ長い間通勤し続けているんでしょうか……。


死んでも会社に行こうとするなんて、働きすぎな日本人らしいですよね……。

僕が幽霊になったら、吉本の劇場よりも遊園地で過ごしたいですけど。

あなたについている霊をチェックする方法

自分に生き霊がついているかどうかチェックするのは意外と簡単です。

方法は、湯船にひとにぎりの塩を入れるだけ。

お湯に入った瞬間、全身の毛穴がぶわっと開くような感じがしたら、何か〝悪いもの〟がついている可能性が高いです。

ただひとつ注意してほしいのが、お湯に入るときに平常心を保つこと。「何かついてたらどうしよう」と怖がりすぎると、その恐怖心で毛穴が開いちゃいますから。

それから、家のなかに幽霊がいるかどうかも簡単に調べることができます。

用意するのはコップ1杯の水。それを部屋の四隅に置いて1週間放置するだけ。そのとき、とくに変化がなければ、何も心配ありません。

でももし水が濁っていたら、それは家のどこかに幽霊がいる証拠。

少し汚れてるくらいなら、ちょっと立ち寄ってるくらいなので、あまり心配ないですけどね。

ただ、黒く濁ってしまった場合は要注意。同じ幽霊がかなり長い間、家に滞在していることになるので、もしかしたら執着されているのかもしれません。

僕も、ちょっとヤバそうな霊と〝同居〟していたときにやってみたら、水が真っ黒く濁ったうえに、消しゴムのカスみたいなものが浮かんでいました。

悪意の生き霊がついていたり、家のなかに幽霊がいたりすることがわかったら、近所のお寺や神社を定期的にお参りしてください。

このとき大切なのは、あまり欲を出しすぎないこと。毎回おさい銭を用意する必要はないと思いますが、とにかく「悪いものだけ取り除いてほしい」とお願いするのがポイントです。

そうすれば、徐々に〝悪いもの〟は離れていくはずですよ。

不動産屋さんに聞いた世にも怖～い話

不動産屋さんから、こんな話を聞きました。

飲食店を開きたいというお客さんのために物件を探していたところ、駅近で大通りに面しているにもかかわらず、かなり家賃の安い空き店舗を見つけたそう。

一瞬「もしかして、過去に何かあったのかも……」とためらったんですが、ほかには条件にあてはまるような物件がありません。

そこで、しかたなくお客さんに情報を見せてしまったんだとか。

すると、家賃の安さが決め手となって、すぐに内見をすることになりました。

お客さんを案内するために、地図を紙に印刷しようとしたんですが、何度やっても写真や文字がゆがんでしまって。

「やっぱり、事故物件なのかもしれない……」と、どんどん不安になってきたといいます。

とはいえ、そんな情報はどこにも載っていないし、お客さんはすでに乗り気になっていたので、もうあとには引けなかったそうです。

実際に内見してみると、情報どおりの好条件でお客さんは大興奮。そのまますぐに契約を結ぶことになりました。

でも、不動産屋さんはやっぱり気が進まなかったそうです。なぜって、内見のときに、店の奥に黒い人影のようなものを見てしまったから……。


後日、上司に、その物件で前の店主が自殺していたことを聞いたそうです。発見時、手には「誰にも渡さない」と書かれた権利書が強く握られていたんだとか。

たぶん、印刷のゆがみはそのせいでしょう。

前の店主の〝怨念〟が表れていたんだと思います。

続・不動産屋さんに聞いた世にも怖〜い話

不動産屋さんに聞いた事故物件にまつわる怖い話。実は、続きがあるんです。

事故物件だということがわかって、申し込みをしたお客さんにはすぐに謝罪の連絡を入れたそう。

そのとき、前の店主の自殺についてもきちんと説明をしました。

だから当然、申し込みはキャンセルだろうと思っていたのですが、お客さんの返事はなんと「ぜんぜん気にならないから大丈夫！」。

本人がいいと言っている以上、断る理由もありません。結局、そのお客さんは事故物件でお店を始めることになったそうです。

その話をしながら、不動産屋さんは「事故物件でも気にならないって人、けっこういるんですよね〜」なんて笑っていたんですが、僕にはちょっと気になることがあって。ちょうど、ほかの霊感芸人も同席していたんですが、彼の表情を見る限り、同じものが見えているようでした。

それで、「その事故物件を借りたお客さんって、30代くらいでホリの深い男性ですか？」と聞くと「そうです！　霊感でそんなことまでわかるんですね」と。

実は不動産屋さんの背中に、その男性の幽霊がずっとしがみついてたんですよね。しかも、ものすごく怖い表情で……。

話に出てきたお客さんはすでに亡くなっていたというわけです。その原因が事故物件を借りたせいかどうかはわかりませんが、霊の様子を見る限り本人はそう思っているみたいでした。

だから、不動産屋さんのことを恨んでいるんでしょうね。でも、自分が事故物件でも大丈夫って言ったのに……。

とりつかれちゃった不動産屋さんはお気の毒です。

ネットの世界の最先端な生き霊事情を考察する

最近話題のＶＴｕｂｅｒさんに、お会いする機会がありました。

ちなみにＶＴｕｂｅｒとは、ＣＧで作ったキャラクターに自分の声を当てて、動画を配信するＹｏｕＴｕｂｅｒのことです。

僕が紹介してもらった人は、何十万人ものフォロワーがいて、ＶＴｕｂｅｒ業界では一二を争う人気者だと聞いていました。

だから、どれだけ大量の生き霊がついているのかと楽しみにしていたんですが……。実際に霊視してみると、生き霊なんて１人もついてなかったんです。

すごいびっくりしちゃったんですけど、よくよく考えてみれば、本人が人前に出ているわけじゃないので、当たり前といえば当たり前なんですよね。

でも、何十万人もいるファンのなかには、生き霊を飛ばしてる人もけっこういるはずじゃないですか。

だから、その生き霊がどこへ行ってしまったのか、めちゃくちゃ不思議なんですよ。画面のなかのキャラクターのほうに大量の生き霊がついているのか、それともVTuberの〝源泉〟である機材のほうに、引き寄せられているのか……。

どちらにしても、実際に見ることができたら、ものすごい発見ですよね。

僕は今、スマホやパソコンを通しての〝オンライン霊視〟はできないんですけど、もし画面のなかや機械自体に生き霊がつくことがわかったら、遠隔で霊視できる可能性も出てくるんじゃないかなって。

ちょっと期待してるんです。

この最先端な生き霊事情、近いうちに検証してみようと思います。

アメリカで遭遇した幽霊に国民性を感じた

学生時代、友達と3人で行ったアメリカ横断旅行でのできごとです。

グランドキャニオン近くのモーテルに泊まっていたとき、アメリカ人の幽霊に襲われました。

僕がベッドで寝ていると、大柄な男性の幽霊が覆いかぶさってきて、思いっきり首を絞められたんです。

めちゃくちゃ苦しくて、なんとか「やめてくれ！」って声をしぼり出したんですけど、見た目が完全に外国人だったので日本語は通じないですよね……。

だからとにかく「ストップ！　ストップ！」と言いまくっていたら、いつの間にかその人は消えていました。

すると、隣のベッドで寝ていた友達が急に起き上がって。近くの柱のほうまで歩いていったかと思うと、そこに頭をガンガン打ち付けだしたんです。

たぶん、僕の首を絞めていた男性に取りつかれたんだと思います。

異変を察知したのか、もう１人の友達も起きだしてきて。２人がかりでなんとか止めることができました。

やっと気がついた友達は「俺、どうしたの？」と混乱していて、記憶はまったくなかったそうです。

頭はかなり痛がってましたけど……。

日本では、ここまで凶暴な幽霊に遭遇したことがなかったので「さすがアメリカ人はワイルドだな」ってびっくりしたのを覚えています。

幽霊にも〝お国柄〟ってあるものなんですね～。

お葬式にはご本人も参列しています

お葬式では、亡くなった方との思い出が蘇(よみがえ)ってきたり、遺族の悲しみに共感したりして、思わず涙があふれるものですよね。

でも、僕の〝泣きポイント〟はちょっと違っています。

その場にいるご本人の幽霊が見えてしまうので、表情やちょっとしたしぐさを見ているうちに、なんだか泣けてきちゃうんですよね。

お葬式が始まってすぐは、亡くなったことをうまく理解できていないのか、幽霊も自分の体に重なるようにして寝ていることがほとんどです。

そのあと、状況が把握できてくると、少しずつ体から離れていって。

遺族や参列者の様子をじっと見守るようにしています。

ただ、それも火葬が終わるまで。

体という〝よりどころ〟がなくなると、その場からふっといなくなってしまうんです。だから、亡くなった方には、火葬される前にたくさん話しかけてあげてください。

ちゃんと近くで聞いてくれていますから。

実は、僕の祖父は火事のときに亡くなってしまって。発見されたときにはすでに、幽霊はその場にはいませんでした。

ばあちゃんに会いたくて、すぐに〝あっち〟に行ってしまったのかもしれませんが、最後のお別れができなくて、僕は少し寂しかったです。

大切な人が亡くなってしまっても、体が残っている限り、その人の幽霊が近くにいてくれます。

お葬式は思いを伝えられる最後の機会だと思って、ちゃんとお別れしてあげてくださいね。

入学式には学校中の幽霊が参加しています

新年度が始まるころにいつも思い出すのが、中学校の入学式でのできごとです。

新生活の始まりに、ワクワクドキドキしながら体育館に入った僕。

その瞬間、ちょっとした違和感を覚えたんです。

なんていうか、人が〝ぎゅうぎゅう詰め〟な感じがしたんですよね。

でも、嫌な感じもしなかったし、入学初日でそれどころじゃなかったので、「意外と生徒の数が多いんだな」ってことで自分を納得させました。

この違和感は、そのあとすぐに忘れちゃったんですけど、また何かの行事のときに全校生徒が体育館に集まったんですね。

そうしたらやっぱり、人が〝ぎゅうぎゅう〟なんですよ。

変だなって思ってよく見てみると、知らない制服を着ている生徒が何人も、いや何十人も交ざっていました。

それで「あ、死んでる人たちだ！」って気付いたんです。

たぶん、在学中に亡くなってしまった昔の生徒たちが、ずっと学校に通い続けていて集まってきたんだと思います。

つまり、僕にとっては先輩ってことです。

僕の通っていた中学校はけっこう歴史が長かったので、その分、幽霊の数も多かったんじゃないかと。

ちなみにそのあとも、運動会とか学園祭とか行事のたびに必ず生徒の数が増えていました。

ただ、教室ではあまり見かけなかったので、授業はサボってたみたいです（笑）。

僕がいまだにぞっとする幼少期の怖～い思い出

これは小学生のとき、僕の家族と幼なじみの家族とで、千葉の海へ旅行に行ったときの話です。

昼間、砂浜で遊んでいると、幼なじみが「新しい友達ができた！」と、うれしそうに報告してきました。それで、僕にも紹介してもらおうと思ってついて行ったんですが、そこにはもう誰もいなくて。

「帰っちゃったのかな？」なんて話しつつ、そのまま2人で遊び続けました。

その日は海辺の民宿に泊まったんですが、みんなが寝静まったころ、幼なじみがいきなり「来てくれたんだ！」と叫んで外に出ていってしまったんです。

その声で目が覚めた僕は、何か嫌な予感がして。隣で寝ていた親父を起こすと、すぐにあとを追いかけました。

外に出ると、幼なじみが海へ入っていこうとしているところで、僕は全速力で追いつくと、なんとか彼女を抱え込みました。

でも「友達があそこで待ってる！」と沖のほうを指さしながら、どんどん海の中へ進もうとするんです。

女のコだし、僕より体も小さいはずなのに、その力がものすごく強くて。だから必死に「あそこには誰もいないよ！」となだめるしかありませんでした。

でも実は、僕にも見えていたんです。

海の上に立って、手招きしている女のコの姿が……。

そのあと、親父と幼なじみのお父さんが駆けつけてくれて、なんとか引き上げることができました。

でも、ふと気が付くと幼なじみのお父さんがいなくなっていたんです。

翌朝、女のコが手招きしていたあたりから、幼なじみのお父さんの遺体が発見されました。

このときのことは、思い出すだけで背筋がゾッとします。

修行不足なお坊さん、神主さんはけっこういる

とある怪談イベントに出演させてもらったときのこと。

ちゃんとした会社が主催だったので、イベントの前にしっかりお祓いをしてくれたんです。

しかも祭壇がけっこう豪華で。「お金かかってそうだな〜」なんて、下世話なことを考えちゃいました（笑）。

でも、いざ儀式が始まると「このお祓いで大丈夫なのかな」と、ちょっと不安になってきて……。

だって、お祓いしている人の背中に、思いっきり子どもの幽霊がしがみついてたんですもん。

「この人は一体、何を祓ってるんだろう？」って、不思議に思いました。まあ、イベントが無事に終わったからよかったんですけどね。

実は、次の年もまた同じイベントに呼んでもらって。

もちろん、事前にお祓いもあったんですけど、前の年とは違う人が来ていたんです。なんとなく気になったので「昨年来てくれた人はお元気ですか？」と聞いてみました。すると「体調を崩して実家に帰りました」と。

やっぱり、ぜんぜん祓えてなかったようです。

すべてのお坊さんや神主さんに霊能力があるとは思いませんけど、神社やお寺みたいに神秘的な力がある場所で毎日修行してたら、多少は感度が上がってくると思うんです。

だからたぶん、あの人は修行をサボってたんじゃないかな～。

それなのにお祓いなんてやるから、〝悪いもの〟につかれちゃうんですよ。

「初心忘るべからず」ってことですね。

ピザを届けに行ったら死神に会っちゃいました

ピザ配達のバイトをしているんですが、たまに近くの高齢者向けマンションから注文が入ることがあります。

以前、配達しに行ったのは80代くらいのおばあちゃんの部屋。

足が悪いのか、ドアまで取りに来るのも大変そうで。

僕が中まで持っていってあげたんですけど、気付いたら部屋の奥に若い男の人が座ってるんですよ。

親戚の人なのかなって思ったんですが、おばあちゃんがもたついても、ぜんぜん手伝おうとしてくれなくて。

なんだか不思議に思いながら部屋をあとにしました。

数日後、同じマンションの別の入居者さんから注文があって。部屋に入ると、なぜかこの間の男の人がいるんですよ。

だから、介護スタッフの人だったんだなって思ったんですけど、やっぱりぜんぜん動こうとしないんですよね。

ずいぶん不親切な人だなって思ったんですが、入居者さん自身はぜんぜん気にしてないみたいで。

僕が何か言うのも違うよなって、そのまま部屋をあとにしました。

それからしばらくは注文がなくて。

何カ月ぶりかに配達に行ったとき、これまでの2回とは別の部屋だったのに、またあの男の人がいたんです。

さすがに嫌な予感がして、受付の人にそれとなく聞いてみたら、これまでピザを頼んだ2人、そのあとすぐに亡くなっていました……。


あの男の人、きっと死神なんでしょうね。

もしかしたらピザが好物なのかな？

霊体でわかった気まずい真実

学生時代、飲食店でバイトをしていたときのこと。

ある日、店長からいきなり「実は、バイトの女のコと付き合っている」と打ち明けられました。

僕、ものすごくびっくりしちゃって。

店長は、背が高くて顔もシュッとしていたし、バイトの女のコたちにはすごく優しかったので、恋が芽生えることは別に不思議ではないんです。

でも、僕には誰と誰が付き合ってるかなんてすぐにわかるんですよ。

なにせ、霊視をすれば本心がまるわかりですから。

それなのに、相手の女のコの霊体は、ぜんぜん店長のほうを見ていなかったんです。

なんなら、そっぽを向いているくらいで、明らかに好きじゃないんですよ。

後日、彼女にそれとなく聞いてみたら、やっぱり「ぜんぜん好きじゃない」と。

じゃあなんで付き合ってるのかというと、シフトの融通がきいたり、時給がちょっと上がったり、〝店長の彼女特典〟があるからだとか。

女のコって〝ゲンキン〟だな〜なんて思った数日後。

またもや店長から打ち明け話をされました。

今度は「ほかのバイトの女のコからも告白された」って言うんです。

ただ、そのコの霊体もやっぱりそっぽを向いていて。

本人に聞いてみると「好きじゃないけど、いろいろお得だから」と〝店長の彼女特典〟が目当てでした。


しかも、バイトの女のコたちの間で、その情報が共有されていたらしく、最終的に特典目当ての店長の彼女は、4人にまで増えてました……。

本人は「モテ期かな〜」なんてうれしそうにしてましたが、僕は「誰もほんとは店長のこと好きじゃないんだよな……」と、なんだか気まずい気持ちでした（笑）。

幽霊と一緒にホラー映画を見てきました

彼女と一緒にホラー映画を見にシネコンへ行きました。

平日の昼間だったからか、僕たち以外はみんな、おじいちゃんやおばあちゃんばかりで。

お年寄りにホラーは人気がないのか、目当ての映画はガラガラでした。

でも、上映が始まって少し経ったころ、ふと周りを見渡してみてびっくり。いつの間にか、客席が超満員になっていたんです。

はじめは「どういうこと?」と戸惑って、思わずキョロキョロしていたんですが、その映画、予想以上におもしろくて！　物語に集中しているうちに、まったく気にならなくなりました。

上映が終わって、ロビーへ向かう途中にようやく気付いたんですが、僕たちと一緒に映画を見ていたのは、ほとんどみんな幽霊だったんです。

しかも、よくよく見てみると、そのシネコンにいるお客さんのうち半分くらいはもう死んでる人でした。

これからかなり失礼なことを言うので、はじめに謝っておきますが、お年寄りがたくさん集まるところって、誰が生きていて誰が死んでるのか、ちょっと見分けがつきづらくて……。

死に近付いている人と、すでに死んでいる人とでは、見え方にそんなに差がないというか。

いや、僕の霊感の精度があんまり高くないのがいけないんですけどね！　ほんと、ごめんなさい……。

それにしても、幽霊がホラー映画を見るって、なんだか不思議な感じです。

脅かし方の勉強でもしてたのかな～？

幽霊に頭を踏まれたまま寝た貴重な体験

友達の家に泊まりに行ったとき、幽霊の先客がいました。

まあ、そういうことはよくあるし、とくに悪い人でもなさそうだったので、あんまり気にはならなかったんですけど。

でも、そろそろ寝ようかと思って寝室へ向かうと、その人が僕の寝る布団の上に立ってるんですよ。しかも、枕を踏んづけて！

僕は幽霊と会話ができないので、しかたなく「どいてくれないかな〜」って空気を出してみました。

でも、その人はまったく意に介さずって感じで。

さすがに嫌だったんですけど、友達を怖がらせるのも悪いし、諦めてそのまま寝ることにしました。

恐る恐る、布団に体を倒していくと、幽霊に真上から見下ろされてるっていうなんともいえない状況で。

ほんと、ものすごいアングルでした……。

でも、僕の頭が幽霊の足に触れた瞬間、ふっと姿が見えなくなったんです。

「やっと、どいてくれたのかな？」と思って起き上がってみると、ぜんぜん微動だにしていませんでした。

それで「おかしいな〜」と思いながらもう1回体を倒すと、やっぱり頭と足が触れた瞬間に見えなくなるんですよ。

なんだかおもしろくて、何度も上半身を倒したり起こしたりして試しちゃいました（笑）。

それに「見えないなら気にせず安眠できてラッキー！」と思って、その日はぐっすり眠ることができました。


でも、よくよく考えてみると、幽霊に頭を踏まれたまま寝てたってことですよね。

そのあとしばらくネタがウケなくなったの、あの幽霊のせいなのかな〜？

あの人のヤバい生き霊

小籔千豊さんの場合

（神様か、というくらいの懐ろの深さをお持ちです）

神々しいオーラ？

絶大な信頼

懐の深さ

小籔さんは、好意の生き霊がたくさんついているのはもちろん、たまにいるアンチの生き霊への対応が素晴らしくて。

たいていの人は反発するか無視するかなんですけど、小籔さんの霊体はきちんと向き合おうとしているのがわかりました。

自分に悪意を持っている人のこともないがしろにしないって、もはや神様じゃないですか。めちゃくちゃリスペクトですね。

PART4

霊能力をポップに使いこなす！

パチンコ店にも幽霊がいっぱい！

幽霊って、生前の楽しい思い出がある場所にとどまりやすいんです。だから、遊園地とか映画館とか、意外な場所が心霊スポットだったりします。

そして最近、パチンコ店にもたくさんの幽霊がいることを発見しました。

以前、パチンコ番組のゲストとして呼んでもらったことがあって。それから、プライベートでも何度か行ってるんですけど、かなりの数の幽霊が集まってますね。

とはいえ、みんな無心で打ってるからか、生きてる人にもあんまり生気が感じられなくて。死んでる人との見分けはちょっとつきづらいです。

ただ、人が座っているのにまったく動いてない台がけっこうあって。そういうときは、たいてい幽霊が打っています。まあ、実際には打ててないんですけど……。

たぶん、ギャンブルって中毒性があるから、死んでからもやりたくてしかたがないんでしょうね。

ちなみに、あんなに幽霊がたくさんいる場所に出入りしていたら、何かがついてしまってもおかしくないと思います。

実際、たまに仕事で会うパチスロアイドルさんたちには、〝よくないもの〟を連れている人が多いです。メインの活動場所がパチンコ店だから、しかたないんでしょうけど……。

パチンコのせいで人生が破滅して、結果的に亡くなってしまう人も多いと思うんですよ。だから、その恨みや怒りの矛先が向いちゃうこともあるんじゃないかって、ちょっと心配です。

だからこそ、どうにか幽霊にパチンコを打たせて、望みをかなえてあげられればいいんですけど……。

僕がトイレ行ってる間、代わりに打っててもらいたいですし。

幽霊は服装と髪形で見分けられます

今までたくさんの幽霊を見てきた僕でも、生きている人と死んでいる人をひと目で見分けるのは難しいです。幽霊の見た目って生きている人と大差ないんですよ。ホラー映画みたいに、全身血まみれだったり、肌が異様に青白かったりしたらわかりやすいんですけど……。

もちろん、明らかに人間にはできない体勢をしていたり、ものすごく〝嫌な感じ〟がしたりする場合は、さすがにわかりますけどね。

だけどごくたまに、普通にすれ違っただけなのに「この人、幽霊だ！」ってわかるときもあります。

以前、友達の家に向かって歩いていたとき、道の先に若い女の人が見えたんです。その瞬間「あれは、幽霊っぽいぞ！」とピンときました。

だってその人、肩パッド入りの服にソバージュヘアっていう、めちゃくちゃバブリーな格好だったんですよ。

一瞬「もしかして、また流行り始めたのかな……？」とも思ったんですが、近付いて見てみると、やっぱり死んでいる人でした。

こんなふうに、服装とか髪形とかが「ちょっと時代遅れだな」って感じた人が、実は幽霊だったってこと、何度かあるんですよね。

とはいえ、20年も30年もこの世にとどまっている幽霊なんて、ほとんどいないと思います。実際、ちょんまげだったり、甲冑を着ていたりする幽霊を、僕は見たことないですし。

まあ、死んだ人がみんなずっとこっちにとどまっていたら、そこら中が幽霊だらけになっちゃいますからね。

だから、あのバブリーな女の人は何かすごい執念があったのかも。もう一度ディスコで踊りたいのかな～？

先輩芸人の新居を見て引っ越しを勧めた理由

大人気の先輩芸人さんから「新居に〝何か〟がいる気がする」と連絡がありました。コンビで一緒に住んでいる方たちなんですが、引っ越したとたんに2人とも体調を崩してしまったと言うんです。

なんだか心配になったので、すぐにお宅へ伺うことにしました。

新居は、都心にある豪華なマンション。

ただ、建っている場所があまりよくなくて。

すぐ近くにトンネルの出口があったんですけど、通りがかった瞬間「あの中で大勢死んでるな」と感じました。というか、そこで亡くなったであろう人たちの幽霊が、ひしめき合ってるように見えたんです。

あとで調べてわかったことですが、そこはやっぱり事故が多発することで有名なトンネルだそうです。

先輩たちの新居は角部屋だったので、トンネルの出口が真正面に見えていて。だから、トンネルから出てきた幽霊の通り道になっているようでした。

しかも、コンビのお1人が、けっこう〝感じやすい〟タイプの人で。いちばんトンネルに近い部屋には「どうしても入れない」って言うんです。

そこで、僕がチラッと覗いてみると、なんとも素行の悪そうな男性の幽霊が立っていました。

先輩たちが体調を崩してたのは、たぶんその人のせいだと思います。

ただ、たとえその人を追い払っても、トンネルの中から次々と幽霊が出てきているので、先輩たちには引っ越しを勧めました。

これもあとから調べたことですが、そのマンションは立地もよくて家賃も手ごろなのに、角部屋だけはほぼすべて空室でした……。

日々、生き霊を見て男女関係を学んでいます

人の生き霊やら霊体やらを見ていると、恋とか愛って複雑なんだなと思うことがよくあります。

ある社長さんとその奥さんと、飲みに行かせてもらったときのこと。

その2人は絵に描いたような美男美女で、誰もがうらやむカップルだろうなって思ったんですけど、ベロベロに酔っ払ったとき「お互い浮気しまくってるもんね～」と言い出したんです。

なんでも、2人とも溢(あふ)れ出る性欲を抑えられないそうで……。

ただ、霊視してみると、2人ともちゃんと愛し合ってるみたいなんですよね。お互いに生き霊も飛ばし合ってましたし。

だから、ほかの人と関係を持っていても、一番大切な人は変わらないってことなのかなって。

なんか、夫婦の形もいろいろですね……。

それから、僕の先輩芸人にも、不思議な恋愛関係を築いている人がいます。その人は常に女性の生き霊を10人くらい引き連れてるんですが、驚いたことに全員から本気で愛されてるんです。

恋愛感情の生き霊がたくさんついている人って、基本的に恨まれていることがほとんどなんですよ。まあ、浮気者ってことだから当たり前ですよね。

だから、その先輩みたいに、10人もの女性から愛情の生き霊を飛ばされてるなんて、かなりめずらしいこと。

気になって話を聞いてみたら、全員と真剣に付き合ってるっていうからさらにびっくり！　めちゃくちゃマメな人じゃないと、そんなことできないですよね。

こんなふうに、霊視をすることで「愛にはいろいろな形がある」と学んでいる僕ですが、自分はごくごく普通の関係で満足です（笑）。

ニセ霊能者の家で見た衝撃的な光景

心霊系の企画や番組に出演すると、自分以外の〝見える人〟に会うことがあります。ただその全員に、本当に霊感があるってわけじゃないんですよね……。

以前、ある番組で一緒になった霊能者（自称）さんも、話している内容で明らかに見えない人だなってわかりました。

僕の霊感仲間の芸人も出演していたんですけど、「あの人、絶対見えてないよね？」と耳打ちしてきたくらいです。

だけど、なぜかウソをついているようには思えなかったんですよね。人を騙そうとしていれば、その悪意が霊体からもれてくるはずなのに、ぜんぜんそういうのがなくて。

そこで、収録後の打ち上げのとき、隣に座っていろいろ探ってみたんです。

そうしたら、都市伝説とか眉唾な話を、あたかも〝まぎれもない真実〟みたいなテンションで語るんですよ。それで、この人はものすごく思い込みが激しい人なんだろうなって気付きました。自分のことを絶対に疑わないというか。

だから、自分には霊感があると心から信じていて、周りを騙そうなんて気はまったくないわけです。

その後、どういうわけかものすごく気に入られてしまって……。その人の家で飲み直そうということになりました。普通のマンションだったんですけど、部屋に足を踏み入れた瞬間、思わず面食らってしまいました。

なんと、その人自身の生き霊が部屋中にびっしりくっついていたんです。あまりに不気味すぎて、すぐにおいとまさせてもらいました……。

たぶん、自分をいっさい疑わないのは、めちゃくちゃ自己愛が強いからだと思うんですよ。でも、自分自身に生き霊は飛ばせないから、どういうわけか部屋のほうについてしまったってことなのかなと。

心霊スポットなんかより、あの部屋のほうが断然恐ろしかったです……。

めちゃくちゃ痛かった除霊体験

定期的に出させてもらっている心霊番組では、収録後に必ず霊能者さんが除霊をしてくれます。

毎回、呼ぶ人は違うんですけど、一度すごく気のよさそうなおばさんが来てくれたことがありました。

その人は、僕のことを見るなり「これはとってあげないと大変！」と駆け寄ってきてくれて。そのまま別室に連れていかれました。

僕には、黒い槍だったり、暴言を吐き続けるヤツだったり、かなり〝悪いもの〟がついているので、それが見えたんじゃないかと思います。

おばさんは、すぐに除霊を始めてくれたんですけど、やり方がちょっと独特で。まず、背中をゲンコツでぐりぐり押されたかと思うと、いきなりバーンと平手打ちされました。さらに首をゴキゴキ動かされて。

とにかく、めちゃくちゃ痛いんですよ。

すぐにでも逃げ出したかったんですが、これまで会った霊能者さんのほとんどは、見ただけでお手上げって感じだったので「ここまでやってくれるってことは、もしかしたら手応えがあるのかも」と思って。頑張って痛みに耐えることにしました。

それから5分以上我慢していると、おばさんが急に「ふう〜」とため息をついたんです。

「やっと終わった……」と思って振り返ったら、おばさんが「今日はちょっと、諦めましょう」と。

それならもっと早く諦めてくれればよかったのに……。痛みに耐えたかいがなくて、めちゃくちゃがっかりしました。

そのあと、おばさんは「また挑戦させて！」と名刺を渡してくれたんですが、あんなに痛い思いをするのは、もうこりごりです。

金魚が僕の不運を引き受けてくれました

ある大物芸人さんが、金魚を大切に育てているという話を聞きました。

なんでも、仕事でいいことがあるたび、その帳尻合わせみたいに身内の不幸が続いた時期があったらしくて。

でも、金魚を飼い始めたら、とたんに悪いことが起こらなくなったんだとか。

僕、なぜかその話がすごく心に響いたんですよね。だから、真似して飼い始めることにしたんです。

さっそく3匹買ってきて、エサをあげたり、水槽の水を替えたり、とにかく丁寧にお世話をしました。

そうしているうちに、どんどん愛情がわいてきて。ぼーっと眺めているだけでも、めちゃくちゃ癒されるようになりました。

でもあるとき、何の前触れもなく1匹死んでしまったんです。

ただそれが、ちょうど親父の手術が成功した日の翌日で。もしかしたら、金魚が身代わりになってくれたのかもしれないなって思いました。

そのあと、大きな仕事が決まったときも、また1匹死んでしまいました。すごく悲しかったんですけど、金魚のおかげで家族に悪いことが起こらなかったのかもしれません。だからめちゃくちゃ感謝しています。

ただ、1匹になってしまった金魚がかわいそうなので、近所でお祭りがあったとき、新たに5匹すくってきました。

今も、毎日欠かさずお世話をしています。


ひとつお願いしたいんですが、この話を知ったからといって、はじめから身代わりにするために飼うようなことは絶対にしないでください。

金魚がかわいそうですし、そもそも意味がないと思います。きっと、心をこめて世話をするからこそ、恩返しをしてくれるんじゃないですかね。

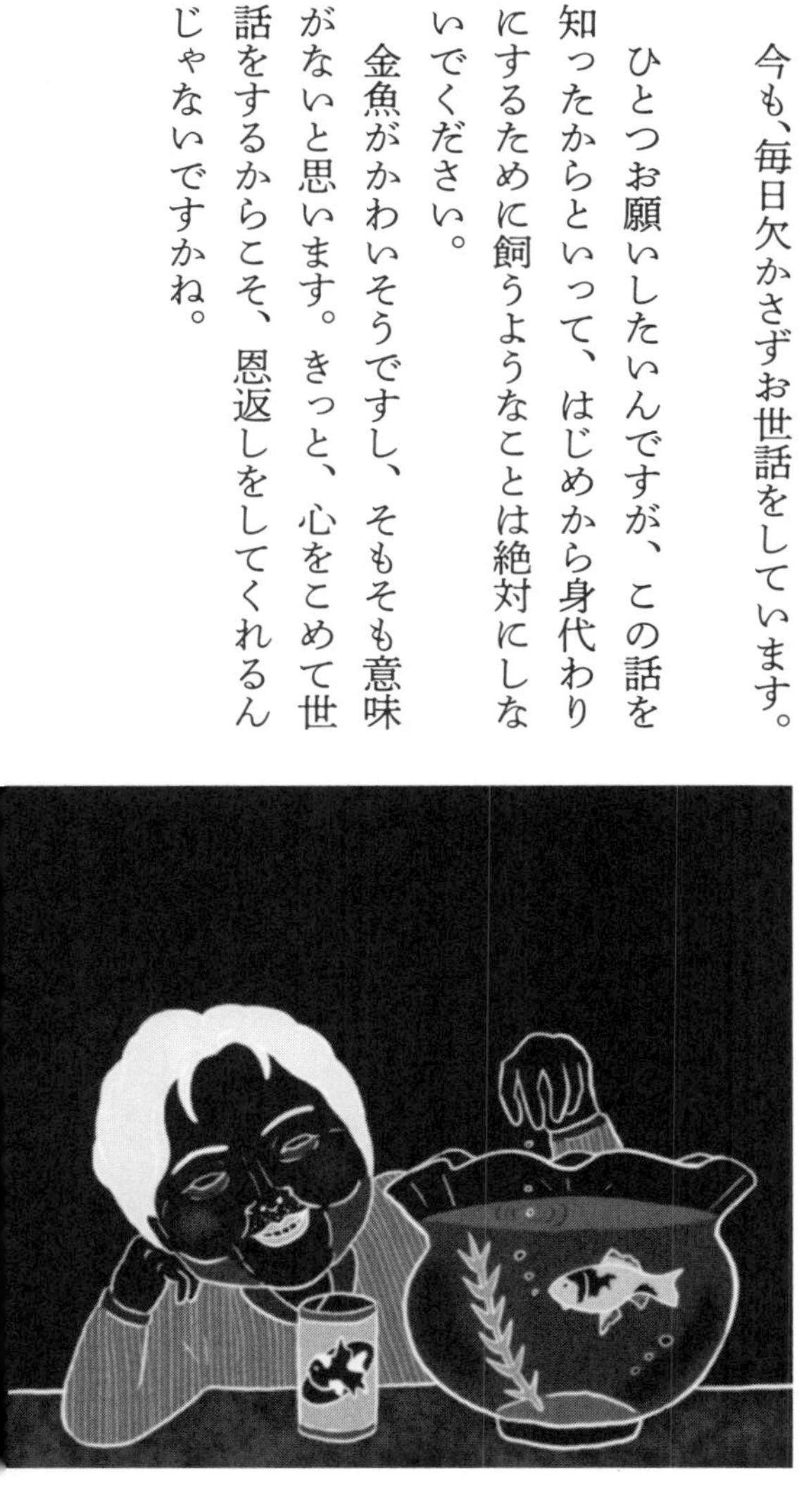

お笑いの舞台で恐怖体験をしました

劇場に足を踏み入れた瞬間、すごく〝嫌な感じ〟がしたことがあります。

しかもその日は、楽屋にいた芸人仲間たちもなんだか暗い表情で……。

出番終わりで戻ってきた人たちも、みんな「ぜんぜんウケなかった」って落ち込んでるんです。

何をやってもうまくいかない日ってあるじゃないですか。あれが、その場にいる全員に、同時に来たみたいな感じでした。

しかもそのなかには、ふだんだったら登場するだけで歓声が上がるような売れっ子たちもいて……。「これはさすがにおかしいぞ」と思って、客席の様子を見に行くことにしました。

すると、劇場内はいつも以上に超満員。

ただ、お客さんに生気がないというか、全体的に重苦しい雰囲気で。

さらに異様だったのは、誰かが少しでも笑うと周りの観客がいっせいにその人のほうをにらむこと。すると、にらまれた人はすぐ真顔に戻っちゃうんです。

だから、たとえネタがウケたとしても、一瞬で笑いが消えていくんですよね。舞台袖から見たときは、どういうことかよくわからなかったんですけど、自分の出番で舞台に立ったとき「そういうことか」と腑に落ちました。

客席には、生きているお客さんは20人くらいしかいなくて。半分以上は、死んでいる人だったんです……。

もしかしたら、芸人に恨みのある人たちが集まってたのかも……。次にその劇場に行ったときは、もうなんともなくなってたからよかったですけどね。

とはいえ、まさかあんなに大勢の幽霊の前でネタをやることになるとは思いませんでした（笑）。

もしも幽霊と出くわしたらどうするべきか

僕、「どうしてみんな、そんなに幽霊が怖いのかな」って考えてみたことがあるんです。だって、見えないなら怖がる必要もないじゃないですか。

それに、もし見えちゃったとしても、血みどろだったり、顔が真っ青だったり、ホラー映画に出てくるような、見た目が怖い幽霊なんてほとんどいないんですよ。

正直、〝ちょっと生気がない普通の人〟にしか見えません。

ただ「もしかしたら」って思うのが、なにか罪悪感を抱いていたり、誰かから恨まれてると思い込んだりしているとき、「自分は霊に取りつかれてる！」と誤解して、恐怖を感じちゃうのかもしれないなって。

しかも、そういうマイナスな感情を抱えてるときって、普通の人でも〝何か〟を感じちゃったりするんですよね。失恋したとき、僕の霊感が高まったのと同じ原理で。

だから、なおさら怖く感じるのかも。

でも、不用意に幽霊を怖がるのは、実はちょっと危険です。

心霊現象が起きた場所にたまたま居合わせただけなのに、祟りとか呪いだって騒いじゃうと、そこに付け込んでくるヤツがいますから。

幽霊ってほとんどチンピラみたいなものなので、「こいつ弱みを持ってるな」と気付くと、急に強気でかかってきます。

逆に、幽霊とか心霊現象に無関心な人には、基本的に関わってくることはありません。

だから、もし幽霊に出くわすようなことがあっても、あんまり怖がっちゃダメ。無視して通り過ぎるのが得策です。

じゃないと、変な因縁をつけられて、本当に取りつかれちゃうかもしれませんから。

先輩が〝悪魔のピーター〟に遭遇しました

心霊現象に悩んでいるという先輩芸人のチャンス大城さんから「悪魔のピーターを見てしもうた！」という相談を受けました。

悪魔のピーターというのは、かなりヤバい悪霊らしく、見た目はかわいらしい子どもなのに、大きな包丁を持って襲いかかってくる〝都市伝説〟的なものだそうです。

先輩は、キツネの霊に遭遇したり、ふすまから伸びてくる手を見たり、不思議な体験が続いているときに、ちょうどその話を聞いてしまって。

「自分のところに来たらどうしよう」と怖くなってしまったんだとか。

そしてその夜、ふと眠りから覚めた先輩が玄関のほうを見ると、そこに白人の男のコが立っていました。

しかも、手には大きな包丁が握られていて……。

思わず「お前、悪魔のピーターか!?」と叫んでしまった先輩。するとその男のコが、低くかすれた声で「せやで……」と答えたんだそうです。

先輩は「生きた心地がしなかったで……」と、大真面目に語っていたんですが、僕は心の中で「なんで関西弁なんだよ！」とツッコんでしまいました。だって幽霊の言葉が、自分の方言に自動翻訳されるなんて、めちゃくちゃすぎるじゃないですか。実際、僕がアメリカで遭遇した幽霊は、日本語なんてしゃべってくれませんでしたし。

そもそも、キツネの霊とかふすまから伸びてくる手も、僕は心霊現象じゃないような気がしていて。

先輩の勘違いじゃないかなって思ったんですけど、あまりにも真剣に怖がっているので、結局言い出せなかったんですよね……。

後日、医者芸人のしゅんしゅんクリニックPさんとお会いしたときにこの話をしたら「それは過労による幻覚」って言ってました（笑）。

僕は幽霊よりも
元ヤンのほうが怖いです

以前、元ヤンの人たちばかりが参加するイベントに連れて行ってもらったことがあります。

会場にはヤンチャでちょっと怖い感じのおじさんが100人くらい集まっていて。予想どおり、僕はめちゃくちゃ浮いていました。

イベントが始まると、舞台上のスクリーンに過去の激しいケンカ（というか、もはや抗争）の映像を流して、みんなで大笑いしながら見てるんですよ。僕には怖すぎて、ぜんぜん笑えなかったんですけど……。

でも何より怖かったのが、その場にいる半数以上の人たちに、めちゃくちゃ恨みの強い幽霊がついていたこと。

しかも、その恨まれ方が半端じゃなくて。もしかしたら、〝直接手を下してる〟のかもしれないなって……。

会場には、見た目が普通っぽい人とか、取材で来ているような人たちもいて、ちょっと親近感を持ってたんですけど、そういう人たちにも、もれなく半端ない恨みの幽霊がついていました。

それに気付いちゃったら、もう生きた心地なんてしませんよ……。さすがに怖すぎて、こっそり会場をあとにしました。

家に帰ってから落ち着いて考えてみたんですけど、幽霊に取りつかれてるなら、本人にちゃんと罪悪感があるってことなんですよね。

まったく罪悪感を抱かない人とか、良心が欠如してる人には、どんなに強い恨みがあっても幽霊は取りつけないものなので。

だから、あの会場にいた人のなかでも、取りつかれてるならまだマシで、何もついてない人こそ本当にヤバいのかも……。

幽霊より、元ヤンのほうが怖いです。

いい人は幽霊に
つかれやすいから気を付けて

いつもお世話になっている先輩芸人のぱろぱろ和田さんは、めちゃくちゃ幽霊につかれやすい人です。

その理由はたぶん、見るからに優しそうな外見だから。幽霊って、いい人そうな人に引き寄せられるみたいなんですよね。

ただ、気にしているのは見た目だけで〝強面（こわもて）だけど実は優しい〟みたいな人はむしろつかれにくいです。まあ、幽霊になったからって人間の本質が見抜けるようになるわけじゃないですから（笑）。

僕が考える幽霊につかれやすい人の基準は、道で誰かとぶつかりそうになったときに、自分のほうがよけるかどうか。必ず自分のほうから先によけるって人は確実につかれやすいです。

もちろん、和田さんは絶対に自分からよけるタイプ（笑）。

そんな和田さんと同じライブに出させてもらったときのこと。久しぶりに親父が見に来てくれたんですが、終演後に呼び出されたと思ったら「めちゃくちゃヤバいのがついてる人がいた」って言うんです。

ちなみにそれは、やっぱり和田さんのこと。すぐに楽屋に戻って霊視したんですけど、その時期、僕の霊能力はかなり不調で……。残念ながら、何も見えませんでした。

ただ、そのときちょうど、僕よりも霊感の強い芸人仲間が楽屋に戻ってきて。和田さんを見るなり「ものすごいのがついてるから、命が危ない」と。

それで、僕も親父から言われたことを打ち明けたんですけど、和田さんは「やっぱりか……」って、妙に納得したような顔をするんです。

なにか怖い体験でもしたのかなと思ったら「だから最近、何をやってもスベるんだ」と。それは幽霊関係ないだろって思ったんですけど、胸に秘めておきました（笑）。

ちなみに和田さんは、そのあとすぐにお祓いに行ったので、今でもちゃんと生きてますよ。

ネット炎上でも生き霊はつく？

吉本の劇場のなかに、とにかく楽屋が少ない所があって。若手芸人は、階段を代わりに使って、着替えたり荷物を置いたりしています。

それが以前、階段に置いてあった小道具が壊されるっていう事件が起きて。その情報はすぐに芸人たちの間で共有されたんですけど、犯人が名乗り出なかったんですよ。

そうしたら構成作家の先輩がカンカンに怒っちゃって。自分のＳＮＳで「今後、階段は立ち入り禁止！」っていう宣言をしたんです。

それから数日後、たまたまその先輩にお会いしたら「あの階段に何かいない？」と神妙な面持ちで聞いてきました。なんでも、数日前に階段の掃除をしてから、めちゃくちゃ具合が悪くなってしまったとのこと。

さっそく霊視をしてみると、たしかに〝悪いもの〟がたくさんついていました。でもそれ、全部生き霊なんですよ。僕には「きっと芸人たちの恨みの念だろうな」とピンときました。

実は、例のＳＮＳでの発言が芸人たちから大ブーイングだったんです。芸人って、いい意味も悪い意味でも単純な人が多いですから、怒りのパワーもすさまじくて。すでに体調に悪影響が出ていたこともあり、さすがに本当のことを伝えました。

それで、その場ですぐに立ち入り禁止を撤回する投稿をしてもらったら、見る見るうちに生き霊は消えていきました。

ちなみによく芸能人の方に「SNSでひどい誹謗中傷を受けているから絶対悪いものがついていると思う」なんて相談されることもありますが、たいてい何もついていません。

先輩の場合は、相手がみんな顔見知りだったからつかれちゃっただけで、匿名で誹謗中傷するような人には、べつに恨みや憎しみの気持ちがあるわけじゃないと思うんですよね。だから、まったく気に病まなくて大丈夫だと思います。

いわゆる水子の霊は見たことがありません

これまでにいただいた心霊相談と、それに対する僕の答えをちょっと紹介していきますね。まずは1つ目。

「大切に育ててきた一人息子が、中学生になってから急に言うことを聞かなくなりました。しかも最近は夜遊びにまで出かけています。幽霊に取りつかれてしまったのでしょうか？」

これはたぶん幽霊のせいじゃなくて、ただの反抗期ですね。息子さんが急に変わったように見えて心配なんでしょうけど、子どもにもいろいろありますから。

学校とか部活とか、お母さんの知らないところで息子さんは成長しているんだと思います。

大切な息子さんが、自分から離れていくような気がしているのかもしれませんが、なんでもかんでも〝取りつかれたせい〟にしていたら、幽霊にもあきれられちゃいますよ！

そして2つ目はこちら。
「娘を流産で亡くしてしまいました。すでに顔立ちがわかるくらい成長していたので、私のせいで産んであげられなくて本当に悲しいです。あの子は、まだそばにいてくれているのでしょうか？　いつか私のお腹に戻ってきてくれるでしょうか？」

僕には想像もつかないほど、つらく悲しい思いをされていると思います。

実は、こういう相談をしてくださる方は多いんですが、赤ちゃんの幽霊というのを、僕は見たことがないんです。

それはきっと、この世に未練や執着がなくて、穏やかな気持ちで先に進めるからだと思います。

生まれ変わりがあるかどうかは、僕には断言できませんが、もし次の人生があるのなら、赤ちゃんはすぐにそちらに進めると思いますよ。

人を恨むと自分が空っぽになります

「憎い相手を呪って復讐（ふくしゅう）するためには、どうしたらいいんでしょうか」という相談を受けることがありますが、僕はただ幽霊が見えちゃうだけの人なので、そういうことはよくわかりません。

でも、そこまで強い恨みの念なら、すでに生き霊になって相手についていると思います。悪意の生き霊がついていると何かしら悪い影響が出るものなので、もう呪いはかかっているも同然ですよ。

ただ、他人に強い念を飛ばし続けていると、エネルギーがそっちに全部持っていかれて、霊体がほんとんど残っていない〝空っぽ〟な人間になってしまいます。

しかも、もしも相手がまったく罪悪感を抱かないような人だった場合、生き霊を飛ばしてもはねのけられてしまうんです。そうすると、自分は空っぽになるし、復讐は果たせないしで、踏んだり蹴ったりですよね。そんなの〝恨み損〟だと思いませんか？

一方で、「恨んでいた相手が不幸になってしまったのは、自分のせいなのでしょうか」

という相談もよくあります。

悪意の生き霊が、ついている人にどれだけの悪影響を与えるのかは、正直なところ僕にも計り知れません。でも、あまりにも強い恨みなら、命に関わるような不幸を引き起こしても不思議じゃないと思います。

だから「自分のせいだったらどうしよう」と気に病むくらいなら、はじめから誰かを恨むのは、やめたほうがいいんじゃないでしょうか。

僕は、自分が空っぽになったり、相手がどんなに不幸になったりしても、心から喜べるくらいじゃないと、誰かを恨んだりはしません。そこまで憎める人なんて、そうはいないですよね。でも誰かを恨むなら、それ相応の覚悟が必要だと思うんです。

だから、どんなに憎い相手がいたとしても、あんまり執着せずに気持ちを切り替えたほうがいいと思いますよ。

悪霊に手を合わせるのは逆効果です

みなさんからいただいた心霊相談紹介の続きです。

「家族に悪いことが続いたので、知り合いに霊視をお願いしたところ『戦国時代に死んだ人の霊が家に取りついているから、命日に手を合わせてあげるといい』と言われました。ここ数年それを実践しているのですが、状況はまったくよくなりません。年に1度の命日だけでなく、月命日にも拝んであげたほうがいいのでしょうか」

そもそも僕は、そんなに昔からこの世にとどまっている霊を、ほとんど見たことがありません。幽霊でいるのって孤独だし退屈だから、みんなさっさと成仏しちゃうみたいなんですよね。

でももし、本当にそういう霊がついているとして、命日に手を合わせてあげるのはたぶん逆効果だと思います。

自分のことを思い出してくれる人がいることは、幽霊がこの世にとどまる理由になりますからね。僕が死んで悪霊になったら、拝んでくれる人のところにずっと居着いちゃうと思いますし。

いちばんの解決策は、近所のお寺や神社を定期的にお参りすること。通りかかるたびに挨拶して行けば、神様も気にかけてくれるようになるでしょうから。

霊にまつわる問題は、これでほとんどの場合解決するはずです。

ちなみに、亡くなった人にとっては、命日ってそんなに重要じゃないと思います。死んでしまったら、日付なんて意識する必要ないですからね。

「あれ？　今日、俺が死んだ日じゃん！」なんて考える幽霊もいないでしょうし。

だから、誰か大切な人を供養したいときは、命日に拝むことよりも、ふとした瞬間にその人のことを思い出したり、生前の思い出を語り合ったりすることのほうが、大切なんじゃないかと思います。

モテすぎるイケメン俳優の生き霊事情

テレビ出演が増えたのと同時に、芸能人の方からご飯に誘ってもらう機会も増えました。

とあるイケメン俳優さんからもお声がかかって、一緒に飲みに行ったんですけど、そのとき「霊視をしてほしい」と頼まれました。

その人はちょうど、結婚を公表したばかりだったこともあって「きっと、未練のある元カノたちの生き霊が何人もついてるはず……」なんて、ちょっといやらしいことを考えながら見てみました。

でも実際は、びっくりするほど何にもついていなくて。

もちろん、ファンの人たちの生き霊はたくさん見えましたけど、直接関係があったような女性はぜんぜんいないんですよ。

とはいえ、女性たちからキャーキャー言われるイケメン俳優がモテないわけないし、過去の恋愛でまったく恨まれてないなんてことありえないじゃないですか！　ちょっと、モテない男の偏見が入っちゃいましたけど（笑）。でもやっぱり、清廉潔白ってことはないと思うんですよね。

だからたぶん、元カノのことをそもそもあんまり覚えてないんじゃないかなって。罪悪感がない人はどんな生き霊もはねのけちゃうんですけど、記憶がなければ申し訳ないなんて気持ちも持ちようがないですから。

それで、思い切ってご本人に聞いてみると「そうそう！　俺、誰と付き合ってたかもあんまり覚えてないんだよね」と笑っていました……。

それを聞いたとき「モテすぎちゃう人ってすごいな」と。

その俳優さんとの恋愛で傷ついたり、いまでも引きずったりしてる人がいるかもしれないのに、自分が恨まれそうなことを忘れちゃうって、めちゃくちゃメンタル強いですよね。

土地についている根深～い幽霊たち

心霊相談を送ってくださる方がどんどん増えています。なるべく目を通してはいるんですが、なかなか個別ではお返事できないんですよね。

ただ「これはさすがヤバいかも」と感じて、即レスした相談もありました。

それは「今の家に引っ越してから不幸が続いている」というもの。「娘が壁に頭を打ち付けるようになり、ついにうつ病になってしまいました。責任を感じた夫は自殺未遂を起こして今も入院中です。その後、息子も交通事故にあって大ケガをしてしまいました」と、かなり切羽詰まった相談でした。

これはたぶん、土地にかなり〝悪いもの〟がついているなと思い、すぐに詳しい場所と家の写真を送ってもらいました。普段は、直接見ないと何かを感じることはできないんですけど、その家の写真からはすごく気色悪い感じがしましたね。

それで「住んではいけない土地」にくわしい、先輩芸人の武井さんに聞いてみたんです。するとやっぱり、そこは「忌み地」と呼ばれる場所でした。なんでも、何百年も前に処刑場として使われていたことがあるんだとか。実際そのあたりには、民家はほとんど建っていないそうです。

　こういうときはとにかく、その土地を離れるのがいちばんなんですけど、それは金銭的に難しいとのことで。せめてもの対策として、家中をアルコールで掃除することと、毎日神社にお参りすることをすすめました。

　ちなみに、なんでアルコールが効くのかというと、神様への供え物やお祓いの儀式で使われる日本酒の代わりです。日本酒をまいてもいいんですけど、ちょっとニオイが気になるじゃないですか。それなら、成分が同じアルコールを使って掃除するほうが続けやすいかなって思います。

　これは武井さんも言ってたんですけど、土地についているものってすごく根深いので、除霊もなかなかうまくいかないんだとか。

　だから引っ越しの際は、土地についてもしっかり調べたほうが身のためです。

真夜中の病院って、そんなに怖いですか？

僕のように、いつもポップな感じで霊が見えていると、普通の人の「怖い」という感覚が、よくわからなくなるときがあります。

だから、実話系のホラー番組なんかを見ていると「へえー、こういうのが怖いのか！」と、すごく興味深いです。

以前、腸閉塞で入院したときにこんなことがありました。

夜、ベッドで寝ていると、廊下のほうから「ガラガラッ」と、カートを押して徘徊(はいかい)する音がしたんです。

こういうの、ホラー番組でよくあるじゃないですか。普通なら怖くて布団にもぐるシチュエーションですよね。でも僕は、音の主が気になってわざわざ見に行っちゃったんですよ（笑）。

廊下に出てみると、そこにいたのはカートを押して歩く看護師さん。「なんだ、それだけか」とちょっと拍子抜けしてしまいました。ちょうど尿意もあったので、外へ出たついでに、トイレに寄って帰りました。

部屋に戻ると、僕のベッドの横にさっきの看護師さんがぼーっと立ってるんです。不思議に思いつつ「こんばんはー」って声をかけたんですが、なぜか無視されてしまって。そこでやっと「あ、幽霊か」と気付きました。

そのあとも、彼女はずっと僕の枕元から動こうとしなくて。ちょっと気まずかったんですけど、とくに害もなかったので、そのまま眠りにつきました。

翌朝は、巡回に来た生きている看護師さんと、幽霊の看護師さんの2人に見守られながら検温してもらいました。

女性2人に囲まれて、なんだかいつもよりちょっと体温も上がっていたような気がします（笑）。

幽霊は信じなくても大丈夫です

ＳＮＳやお手紙でいただく心霊相談って、霊的なものが原因じゃない場合がほとんどです。

僕がこんなことを言うと元も子もないかもしれませんが、幽霊なんて別に信じなくてもいいと思います。僕は見えちゃうからしょうがないんですけど、見えないものは気にしなくてもいいじゃないですか。

それに、悪いことが起きるたびに「幽霊のせいだ」って思い込んじゃってたら、何も解決しませんからね。

霊感商法みたいなものに騙されちゃう可能性もありますし。だっていくらお金を払っても、見えないなら本当に効果があるかどうかわからないわけですよ。それでまた不安になって、さらに大金をつぎ込むなんてことになったら大変です。

ただ、霊的なものを信じる気持ちって、人情とか思いやりみたいなものとつながっている気はします。

死んでから幽霊になるかどうかは置いておいて、魂みたいなものの存在まで否定してしまったら、「人間」とその辺にあるただの「物」の違いなんてなくなっちゃうんじゃないかなって。まあ、すごい極論なんですけど。

でも、いろいろな人を霊視するなかで、霊的なものを信じないって公言してる人でも、周りに対する感謝や親切心を忘れていないなら、むしろいいものがついてるってことを発見しました。

芸能界では、梅沢富美男さんや、アンタッチャブルの柴田さんがその代表です。


たぶん、心霊現象だと思っていることも、つきつめて考えればきっとほかに原因が見つかるはず。

何かを霊のせいにするのは、いちばん最後の手段にしておいたほうがいいと思います。

おわりに

霊のせいで苦しんでいるみなさんへ

ここまで読んでくださってありがとうございます。僕のちょっと不思議な〝心霊人生〟、楽しんでいただけましたか?

最後に、これまで何人かの方からいただいてきた心霊相談にお答えして、終わりにしたいと思います。

それは、僕と同じように霊が見えてしまうことで、ずっと体調が悪かったり、人間関係がうまくいかなかったり、トラブルが多くて困っているというもの。

周りの人には見えないものが見えるって、精神的にけっこうキツいですよね。僕なんかは、ネタにして笑いに変えられるぶん、あんまり気にしすぎないんですけど……。本当は、幽霊とまともに向き合う必要はないと思いますが、たとえば身近な人の霊が見えたりしたら、そうもいかないっていうのはわかります。

もちろん、死んでしまった人の未練とかこの世への執着は、とても悲しくて切ないものです。でもやっぱり、いま生きている人の人生のほうがずっと大切だと思うんですよ。だから、幽霊の姿が見えたり、声が聞こえたりしても、なるべく無視したほうがいいと思います。

それでも、どうしても幽霊のことが気になってしまうというなら、〝スイッチ〟を切り替えられるようにするといいですよ。僕も訓練をしたおかげで、ふだんは幽霊が見えない状態にしておけるようになりました。

僕がした訓練の方法は、伊達眼鏡を使って「かけているときは見える」、「はずしているときは見えない」と強く思い込むこと。これを何度も繰り返していると、だんだん伊達眼鏡なしでも切り替えられるようになってきます。

ただ、これは僕のマイルールなのですが、なにか嫌なことが起きても、なるべく幽霊のせいにはしないようにしています。だって見えない人たちは、幽霊なんか関係なくトラブルを乗り越えているわけですし。

とくに人間関係で問題が起きたとき、心霊話を持ち出してしまうと、一気に周りの信頼を失いかねません。いくら本当のことを言っていても、見えないものを心から信じるのって、けっこう難しいと思うんですよ。

見えない人に、無理やり理解してもらおうとするのは、ちょっとわがままやすぎるのかなって。相手も自分も、ただ嫌な思いをするだけで終わっちゃうでしょうし。

それから僕、霊感商法も大嫌いです。たとえそれが真実であっても、見えない人に向かって「幽霊のせいで悪いことが起こってる」とか、「除霊しないともっとよくないことが起こる」とか、あまりにひどすぎると思います。だって、どんなにお金を使っても、本当に効果があるのか確認しようがないんですよ。その霊能者にすがってしまうだけで、依存症と変わりません。

だから、僕が霊視をするときは、恐怖を煽ったり、不安を与えたりするようなことは、なるべく言わないようにしています。それより、人生を見直すきっかけになったり、新しい自分を発見できたりするようなアドバイスをするんです。心霊相談というより人生相談みたいなものですね（笑）。

この本を読んだ方にはわかっていただけるかと思いますが、正直なところ、僕の人生はけっこうハードモードでした。体に黒い槍が突き刺さっていたり、頭の上にとんでもない暴言を吐き続けるヤツがいたり。どうにかして破滅に追い込もうとしている〝何か〟がついているらしいですから。

でも今のところ、こうして元気に生きているし、夢だったお笑い芸人にもなれて、応援してくれる家族や、かわいがってくれる先輩、バカ話で笑い合える仲間たちに囲まれて、けっこういい人生を歩んでいます。

それに、霊感があるおかげで、テレビに出させてもらったり、こうして本を出版させてもらったりして。本当にありがたいことですよね。ハードモードな人生も、自分の考え方次第でどうにかなるものなんだなって実感しています。

霊が見えてしまう僕が、これまでの人生で学んだ〝心霊論〟が、みなさんの人生に少しでも役立ってくれたらうれしいです。

シークエンスはやとも

シークエンスはやとも
'91年7月8日生まれ。東京都出身。吉本興業所属の〝霊がよく見える〟ピン芸人。特技は、幽霊と生き霊が見えること。『ホンマでっか!?TV』『ダウンタウンなう』などのテレビ番組で数々の有名芸能人たちを霊視。'16年12月より週刊誌『女性自身』にてコラム「ポップな心霊論」を連載中。YouTubeでも心霊にまつわる話題を配信している

ヤバい生き霊

2020年8月15日　初版第1刷発行

著　者　シークエンスはやとも
発行者　内野成礼
発行所　株式会社 光文社
〒112-8011 東京都文京区音羽1-16-6
電話　編集部03-5395-8240
書籍販売部03-5395-8116
業務部03-5395-8128

印刷・製本　大日本印刷株式会社

編集協力／近藤世菜　イラスト／マユボンヌ
装丁・本文デザイン／前橋隆道、進藤 航(tokyo synergetics)

落丁本、乱丁本は業務部へご連絡くだされば、お取り替えいたします。

ISBN978-4-334-95185-6